L'ÉVOLUTION

d'un État philanthropique

Imprimerie ATAR, Corraterie, 12, Genève

à Romain Rolland
après avoir lu son admirable
lettre à notre ami Ch. Bernard
sur notre ami Morel

Hommage cordial

R. C

Septembre 1917

René CLAPARÈDE et Dr H. CHRIST-SOCIN

> C'est en servant la cause de l'humanité et du
> progrès que des peuples de second rang appa-
> raissent comme des membres utiles de la grande
> famille des nations.   LÉOPOLD II.
> *(Lettre à M. Beernaert, 5 août 1889).*

L'ÉVOLUTION
d'un Etat philanthropique

LES ORIGINES	LE SORT du
de l'État Indépendant	Congo dans le présent
du Congo	et l'avenir
PAR	PAR
René CLAPARÈDE	le Dr H. CHRIST-SOCIN
Président	Vice-Président

de la Ligue suisse pour la défense des indigènes
dans le bassin conventionnel du Congo.

Avec une carte et trois planches hors-texte.
En appendice : l'Acte de Berlin, le traité de cession, la charte coloniale
et divers textes importants.

PARIS — LIBRAIRIE FISCHBACHER
GENÈVE
ÉDITION ATAR. CORRATERIE, 12
1909

René CLAPARÈDE et Dr H. CHRIST-SOCIN

> C'est en servant la cause de l'humanité et du progrès que des peuples de second rang apparaissent comme des membres utiles de la grande famille des nations. LÉOPOLD II.
> *(Lettre à M. Beernaert, 5 août 1889).*

L'ÉVOLUTION
d'un Etat philanthropique

LES ORIGINES	LE SORT du
de l'État Indépendant	Congo dans le présent
du Congo	et l'avenir
PAR	PAR
René CLAPARÈDE	le Dr H. CHRIST-SOCIN
Président	Vice-Président

de la Ligue suisse pour la défense des indigènes
dans le bassin conventionnel du Congo.

Avec une carte et trois planches hors-texte.
En appendice : l'Acte de Berlin, le traité de cession, la charte coloniale
et divers textes importants.

GENÈVE
ÉDITION ATAR, CORRATERIE, 12
1909

E. D. MOREL

Secrétaire honoraire de la *Congo Reform Association*.
Auteur de *Red Rubber* (le « Caoutchouc sanglant »).

à

E. D. Morel

Février 1909.

Cher ami,

Nous ne pouvons faire autrement que d'inscrire votre nom en tête de ce volume. Avec une poignée d'hommes désintéressés, vous avez, depuis huit ans, rompu le silence de mort qui laissait les honnêtes gens endormis et vous êtes venu au secours des noirs opprimés par la plus cruelle violation de toutes les lois divines et humaines. Vous avez fait œuvre bonne.

Dans la préface du « Congo léopoldien » de Pierre Mille, modestement, devant l'immensité de la tâche, vous vous êtes écrié : « Il nous manque un Wilberforce ! » On trouvera peut-être un jour qu'en cela seulement vous vous êtes trompé.

R. C.   *Dr. H. C.-S.*

AVANT-PROPOS

DE LA PREMIÈRE PARTIE

L'histoire de l'Etat Indépendant du Congo se divise naturellement en trois périodes : les origines, de 1876 à 1885 ; les années dites normales, de 1885 à 1891-92 ; et la période où le système du pillage organisé fut décrété et mis en vigueur, de 1891-92 à nos jours.

En exposant la genèse de la plus étonnante entreprise d'expropriation forcée au profit de particuliers dont l'histoire fasse mention, nous n'entendons point sous-entendre qu'elle fut préméditée dès la première heure. L'on ne saurait, sans enfreindre les lois de l'équité, soupçonner aucun homme d'une telle perversité dans la préméditation. Si l'heure où le chef de l'entreprise dont on va lire les hauts faits a signé le décret fatal est connue, nul, sauf lui-même, ne peut dire s'il en caressait le dessein depuis plusieurs années ou si le coût inquiétant de son Etat africain en 1891 le décida à « faire le saut » pour sauver la face.

Il n'en reste pas moins que les débuts, pour humanitaires qu'ils semblèrent à la foule, furent louches et apparurent comme tels à quelques rares observateurs. Le triomphe, au lendemain de l'Acte de Berlin, produisit un miracle, en convertissant aussitôt à l'État nouveau ceux-là mêmes qui avaient le plus blâmé la sournoiserie des débuts : les clairvoyants devinrent aveugles ; les loquaces muets ; les attentifs aux choses d'Afrique, sourds. Tous semblèrent trouver que la fin justifie les moyens ; ils se joignirent au concert des panégyristes, ils brûlèrent de l'encens sur l'autel du nouveau dieu.

Les vapeurs de l'encens sont aujourd'hui dissipées, et l'ensemble s'éclaire d'une lumière crue, où l'esprit de suite du plus admirable machiavélisme qui fut jamais éclate à tous les yeux qui ne veulent délibérément se fermer.

Quoi qu'il en soit de ce problème historique et psychologique, le lecteur en jugera de lui-même, s'il veut bien suivre de très près le récit des origines.

R. C.

Février 1909.

PREMIÈRE PARTIE

Les Origines de
l'Etat Indépendant du Congo

(1876-1885)

PAR

René CLAPARÈDE

*Le droit international moderne suit fermement
une voie qui mène à la reconnaissance du droit
des races indigènes de disposer librement d'elles-
mêmes et de leur sol héréditaire.*

JOHN A. KASSON
plénipotentiaire des Etats-Unis.
*(Conférence africaine de Berlin,
séance du 3 1 janvier 1885).*

CHAPITRE PREMIER

Phase d'enthousiasme géographique et humanitaire

La Conférence de Bruxelles et l'Association internationale africaine. — Stanley. — Le Comité d'Etudes du Haut-Congo.

La Conférence de Bruxelles et l'Association internationale africaine

Ce ne sont pas seulement les Etats de l'antiquité que nous voyons naître entourés de mystère et enveloppés de légendes. L'Etat Indépendant du Congo est né en 1885 à la vie officielle, salué des acclamations des philanthropes de tous les pays. Il allait être, croyaient-ils fermement, il devait être un Etat philanthropique. Pour comprendre la formation de cette légende et l'incroyable résistance qu'elle a opposée au démenti répété des faits, il est nécessaire de remonter à l'année 1876, où nous assistons aux premiers balbutiements de l'Etat philanthropique.

L'attention générale était alors vivement sollicitée par les choses d'Afrique. L'on se trouvait encore sous l'impression des voyages de Livingstone, du lieutenant Cameron et de Stanley qui, à cette heure même, explorait des régions inconnues.

Aussi, lorsque le roi des Belges, Léopold II, qui venait de passer la quarantaine, se fut avisé de convoquer en son palais de Bruxelles les présidents des principales sociétés de géographie, les explorateurs de l'Afrique en séjour en Europe et des philanthropes, tous répondirent avec empressement à son appel.

Le roi, en ouvrant le 12 septembre la Conférence géographique de Bruxelles, en exposait la pensée directrice :

« Le sujet qui nous réunit aujourd'hui est de ceux qui méritent au premier chef d'occuper les amis de l'humanité. Ouvrir à la civilisation la seule partie du globe où elle n'ait point encore pénétré, percer les ténèbres qui enveloppent des populations entières, c'est, j'ose le dire, une *croisade* digne de ce siècle de progrès, et je suis heureux de constater combien le sentiment public est favorable à son accomplissement; le courant est avec nous.

.   .   .   .

« Ai-je besoin de vous dire qu'en vous conviant à Bruxelles, je n'ai pas été guidé par des vues égoïstes ? Non, messieurs, si la Belgique est petite, elle est heureuse et satisfaite de son sort... Mais je n'irai pas jusqu'à affirmer que je serais insensible à l'honneur qui résulterait pour mon pays de ce qu'un progrès important dans une question qui marquera dans notre époque, fût daté de Bruxelles. Je serais heureux que Bruxelles devînt en quelque sorte le quartier général de ce mouvement civilisateur.»

Le but de cette discussion en commun est de chercher «les voies à suivre, les moyens à employer pour planter définitivement l'étendard de la civilisation sur le sol de l'Afrique centrale; de convenir de ce qu'il y aurait à faire pour intéresser le public à votre *noble entreprise* et pour l'amener à y apporter son obole. »

Le programme, bien que vague et nuageux, était grandiose, éminemment philanthropique. Précisant quelque peu sa pensée, le roi indiquait ce point à examiner :

« Organiser des stations hospitalières, scientifiques et pacificatrices comme moyen d'abolir l'esclavage, d'établir la concorde entre les chefs, de leur procurer des arbitres justes, désintéressés, etc. »

La conférence aboutit à la création de l'*Association internationale pour l'exploration et la civilisation de l'Afrique*, dont le nom se simplifia aussitôt en celui d'*Association internationale africaine*, avec le roi des Belges comme président.

Les premiers membres se séparèrent avec la mission de fonder dans leurs pays respectifs des comités nationaux.

Le premier en date de ces comités fut celui de Bruxelles.

A Genève, la Société de Géographie prit une part active à la fondation du comité national suisse[1]. Le D^r de La Harpe, professeur de théologie, vice-président de la société, lisait, le 23 avril 1877, un mémoire à la réunion préparatoire du comité suisse de l'*Association internationale africaine*, où il disait :

« Honneur à S. M. le roi des Belges, qui, sachant s'animer de l'esprit de l'âge où nous vivons, a discerné dans ce vaste champ de l'Afrique centrale une œuvre à accomplir, digne d'un philanthrope et d'un roi.

. . . .

« Levons-nous ! Allons chercher notre sœur (l'Afrique) que nous avons laissée en arrière. Qu'elle vienne, reconnaissante, s'asseoir à ce banquet de la civilisation où, jusqu'à ce jour, sa place est restée vide. Alors votre Association internationale, qui aura réalisé cette grande chose, aura bien mérité du genre humain et des siècles à venir. »

Le lendemain avait lieu la séance de fondation du Comité national suisse, avec cent-dix adhérents inscrits dès le premier jour. Cette section de l'*Association internationale africaine* prit le nom de *Société suisse africaine*. M. B^r de Beau-

---

[1] Voir *Le Globe*, organe de la Société de Géographie de Genève, année 1877.

mont, président de la Société de Géographie de Genève, en fut nommé président, et M. Eugène Delessert, professeur à Lausanne, secrétaire général et trésorier.

Le comité suisse était chargé, par l'article 8 des statuts :

a) De vulgariser en Suisse, par la presse, par la parole ou par tout autre moyen qu'il trouvera convenable, les connaissances de toute nature se rapportant au but que l'*Association internationale* a en vue.

b) D'organiser les souscriptions et de centraliser les ressources diverses qui seront mises à sa disposition pour l'exécution du programme international.

Les sections nationales devaient être tenues au courant des faits et gestes de l'Association internationale par le comité exécutif de Bruxelles.

Mais, avant d'examiner de quelle façon le dit comité exécutif de Bruxelles s'acquitta de sa mission, il faut dire quelques mots de la commission internationale de l'*Association internationale africaine*, composée des présidents des principales sociétés de géographie représentées à la conférence de Bruxelles et de deux membres choisis par chaque comité national, et de sa première session tenue au palais du roi, à Bruxelles, le 20 juin 1877. Les délégués du comité suisse étaient M. de Beaumont et M. Gustave Moynier, membre de la Société de Géographie de Genève et président de la Croix-Rouge. L'œuvre entreprise par Léopold II ne se présentait-elle point aux yeux des philanthropes comme une sorte de « Croix-Noire » ?

A cette session de 1877, où dix pays sont représentés, l'on sortit du vague des déclarations de 1876. Il fut décidé qu'une expédition serait envoyée, par la voie de Zanzibar, dans la direction du Tanganyka, pour fonder, entre la côte et le lac, une série de stations hospitalières. Le capitaine belge Louis Crespel, MM. Arnold Maes, docteur en sciences naturelles, de Marno, voyageur autrichien, et le lieutenant Cambier sont désignés pour cette haute mission.

Stanley.
Le Comité d'Etudes du Haut-Congo.

Pendant que s'équipent ces explorateurs d'un nouveau genre, une nouvelle éclate comme un coup de tonnerre. Le *Daily Telegraph* du 17 septembre annonce au monde que Stanley, que l'on croyait perdu, était arrivé sain et sauf à l'embouchure du Congo, après avoir reconnu le cours du fleuve. Le grand voyageur pouvait déclarer qu'au delà des cataractes du Bas-Congo, qui avaient pendant quatre siècles fait obstacle à toute exploration européenne, le fleuve était navigable jusqu'au centre même de l'Afrique.

Il y eut quelqu'un qui saisit aussitôt la portée de cette découverte, ce fut le président de l'*Association internationale africaine*. Il comprit que le Congo constituait la voie de pénétration par excellence vers le centre africain, bien supérieure à la voie de l'est par laquelle allaient s'engager le capitaine Crespel et ses compagnons. Aussi, lorsque Stanley revint en Europe jouir d'un repos bien mérité, fut-il reçu à Marseille, au mois de janvier 1878, par deux envoyés du roi des Belges, M. Greindl et le général américain Sandford, l'invitant à venir à Bruxelles s'entretenir avec Léopold II, « lequel songeait à entreprendre quelque grande œuvre en Afrique ».

D'autres que le roi des Belges avaient aussi compris l'importance de la voie fluviale que Stanley venait d'ouvrir. En ce même mois de janvier 1878, les deux missionnaires Grenfell et Comber, alors au Cameroun, recevaient une lettre de leur comité de Londres les invitant à partir pour le Congo. Ce sont les pionniers de la mission congolaise, et dès lors, nous pourrons assister à l'œuvre parallèle, mais sans aucune interpénétration, de certaine civilisation dite chrétienne et des diverses missions protestantes et catholiques.

Stanley, fatigué, déclina d'abord l'invitation, mais une fois reposé, au mois d'août, il accepta une entrevue à Paris avec les délégués du président de l'*Association internationale africaine*.

De cette entrevue date la formation du projet qui aboutit à la première entreprise sur le Haut-Congo. « Il fallait *faire quelque chose* pour rendre utile au genre humain ce vaste pays. »

Ce « quelque chose » dont nous voyons ainsi germer l'idée embryonnaire, deviendra six ans après l'Etat Indépendant du Congo.

A la fin de l'année, nous trouvons Stanley au palais royal de Bruxelles, avec des personnages du monde commercial et financier d'Angleterre, d'Allemagne, de France, de Belgique et des Pays-Bas. On constitue le *Comité d'Etudes du Haut-Congo*, fondant ainsi une société en participation au capital d'un million de francs.

Parmi les huit adhérents de la première heure figurait le baron Greindl, secrétaire général de l'*Association internationale africaine*. La présidence d'honneur est décernée au roi des Belges, la présidence effective au baron Greindl, remplacé quelques semaines plus tard par le colonel Strauch, qui venait d'être désigné comme secrétaire général de l'*Association internationale africaine*, en remplacement de Greindl, envoyé à Mexico.

On décide d'équiper une expédition qui irait recueillir sur place les renseignements nécessaires sur les ressources du haut fleuve. Stanley, nommé chef de l'expédition, dans une lettre du 7 janvier 1879, définit ainsi les visées du *Comité d'Etudes :*

« Nous avons un triple but : philanthropique, scientifique et commercial. »

L'expédition est décidée et équipée dans le plus grand secret. Les comités nationaux de *l'Association internationale africaine* ne sont pas tenus au courant. Le comité suisse ignore tout. M. Moynier, qui fonde peu après la revue *L'Afrique explorée et civilisée*, ne sait rien. Dans le premier numéro (juillet 1879), six mois après que l'expédition de Stanley a été décidée, il parle uniquement de la chaîne de stations hospitalières qui doit se déployer de l'est à l'ouest. Il s'occupe de l'essai du roi des Belges de remplacer les bœufs et les porteurs par des éléphants. Il avait eu vent cependant du départ d'Anvers du navire *Barga* pour l'embouchure du Congo et en avait informé ses lecteurs[1]. Dans son quatrième numéro seulement, il annonce enfin, d'après le journal *Les Missions catholiques* du 11 juillet, l'expédition projetée par *l'Association internationale (sic)* pour remonter le Congo sous la direction de Stanley, afin d'établir des stations sur ses rives.

« *Association internationale* »*!* la confusion dont bénéficiera le chef de l'entreprise, le roi des Belges, est ici saisie à son point de départ. *Association internationale*, alors qu'il s'agit du *Comité d'Etudes!* Association philanthropique et

---

[1] Le *Barga* contenait le matériel de l'expédition Stanley.

humanitaire alors qu'il s'agit d'une société commerciale ! La revue de M. Moynier ne doute pas un instant que cette expédition par la voie de l'ouest ne doive, elle aussi, fonder des stations hospitalières et scientifiques, et elle salue d'avance, avec enthousiasme, le moment où les expéditions de la côte orientale et celles de la côte occidentale en arriveront à se donner la main au centre de l'Afrique [1].

Quittons maintenant l'Europe, après avoir saisi à son point de départ l'égarement de l'opinion européenne, et suivons en Afrique Stanley, chef de l'expédition du *Comité d'Etudes*. Oublions un instant la tête qui dirige pour considérer seulement le bras qui exécute. Ici, nous pouvons admirer sans réserves.

---

[1] La foi dans l'entreprise du roi Léopold était alors sans bornes. La *Semaine Religieuse* de Genève, organe du protestantisme évangélique, recevait dès 1878 les souscriptions pour l'*Association internationale africaine*, qu'elle appelait « une grande œuvre philanthropique et scientifique ».

On prenait un tel intérêt à l'*Association internationale africaine* que M. Oscar Messerly, membre de la Société de Géographie de Genève, dressait une carte de l'Afrique centrale « pour suivre la marche de l'expédition internationale ». Voir cette carte dans le volume *Comité national suisse pour l'exploration et la civilisation de l'Afrique centrale*. Genève, imprimerie Schuchardt, avril 1879.

Dans le canton de Vaud, les fonds étaient recueillis d'abord par M. Delessert, puis par M. Tallichet, directeur de la *Bibliothèque universelle*, pour être envoyés à Bruxelles.

CHAPITRE II

La Période héroïque

**Stanley, le bâtisseur de l'Etat libre.
La légende philanthropique s'établit sous le
couvert de l'équivoque.**

Stanley, le batisseur de l'Etat libre

Si l'on a pu dire de Voltaire qu'il était l'esprit fait homme, on peut dire de Stanley qu'il fut l'action faite homme. Cet Anglais naturalisé Américain avait en effet au plus haut degré le génie de l'action. Il semble agir pour le plaisir d'agir. Quand le roi Léopold lui confie la mission de fonder les premiers comptoirs du *Comité d'Etudes du Haut-Congo*, il part, joyeux de cette occasion d'exercer ses facultés énergiques. Arrivé au Bas-Congo, il fonde la station de Vivi (1879-80), plus en amont du fleuve, plus près de la chute qui barre le passage, que Noki, le point le plus haut où fussent alors établis les comptoirs marchands européens. Aussitôt la station mise sur pied, s'improvisant ingénieur, il entreprend le travail cyclopéen d'ouvrir une route dans la région du Moyen-Congo, au milieu de difficultés inouïes, traçant la route dans les vallées et sur les montagnes, hissant son matériel, ses bateaux démontables, faisant sauter les roches, ce qui lui vaut le surnom indigène de Boula-Matadi, le briseur de rochers. Travail de patience qui peint l'Anglo-Saxon, patience que n'avait pas de Brazza, qui, ayant devancé Stanley sur le Haut-Congo, le rencontre en revenant à la côte. La voie est alors barrée par une montagne. «Il vous faudra six mois pour la passer avec vos fourgons», dit Brazza. Trois mois après, Stanley l'avait franchie et établissait une nouvelle station.

Il fonde ainsi successivement le long de sa route les stations d'Isangila, de Manyanga et arrive ensuite au bord du Stanley-Pool. Il avait mis un an pour construire les 83 kilomètres de route qui séparaient sa première station de Vivi de sa seconde station Isangila. Il arrivait au Pool le 7 novembre 1881, après un an et dix mois d'efforts. Il mettait immédiatement la main à la construction de la station de Léopoldville. Au commencement de 1882 il fonde encore une station sur le Haut-Congo, découvre le lac Léopold II, et, avec cette belle œuvre derrière lui : une route reliant le Bas et le Haut-Congo, cinq stations fondées, un bateau à vapeur lancé sur le haut fleuve, le hardi pionnier rentre en Europe dans les derniers mois de 1882.

Quant aux jugements portés par Stanley sur les indigènes, ils sont en majorité favorables. Les

indigènes sont des commerçants-nés ; la plupart
se montraient enchantés de trafiquer avec les
blancs et de leur accorder pour leurs « stations »
de vastes emplacements dans leurs territoires.
Stanley prononce sur eux des paroles que ses
successeurs eussent été bien inspirés d'observer : « Pour se concilier les indigènes d'une
façon définitive, dit-il, il faudrait leur témoigner
beaucoup de générosité, veiller sans trêve ni
relâche à ce que la conduite de nos employés
européens ne leur parût point louche ; faire en
sorte que nos employés nègres ne les irritassent
jamais par des airs d'arrogance ou de supériorité. »

Avec ce premier voyage de pionnier, la période
que l'on peut appeler héroïque prend fin.

La légende philanthropique s'établit sous le couvert de l'équivoque

Pendant ce temps, en Europe, la confusion
régnait encore. La revue de M. Moynier, en janvier 1880, hasarde une légère plainte :

« Stanley continue à ne pas divulguer les détails
de son voyage sur le Congo. Il pense sans doute
que « le continent mystérieux », ainsi qu'il nomme
l'Afrique, veut des explorateurs non moins mystérieux. On a cependant une lettre de lui adressée
non comme on pourrait le croire, à l'*Association
internationale* qui le soutient, mais au *Daily
Telegraph* ».

M. Moynier croit encore à cette date que c'est l'*Association internationale africaine* « qui le soutient », alors que c'est un groupe spécial de souscripteurs qui s'appelèrent d'abord « Comité d'Etudes du Haut-Congo », puis « Association internationale du Congo ». Le président avoué n'est pas le même.

Dans le numéro de septembre [1], il est dit enfin pour la première fois que Stanley est « plus ou moins » associé aux travaux de l'*Association internationale africaine*. Stanley, comme Janus, a deux faces. Il représente d'un côté « l'œuvre scientifique et humanitaire de l'*Association internationale africaine* et de l'autre, l'œuvre pratique, commerciale et industrielle d'un Comité international composé de Belges, de Français, d'Anglais, de Hollandais, philanthropes et en même temps industriels et commerçants, qui s'est constitué pour faire des études nouvelles et plus complètes de la grande voie du Congo ».

Le 1er novembre, la revue genevoise se plaint encore du mystère dans lequel est enveloppée l'expédition de Stanley.

Deux ans après seulement, le 6 novembre 1882, pendant le séjour de Stanley en Europe, la revue de M. Moynier entrevoit la vérité. Elle s'exprime ainsi, après avoir parlé de Brazzaville, station du Comité national français : « L'autre station, sur

---

[1] *A. e. et c.*, septembre 1880, p. 47.

la rive gauche, Léopoldville, est la station du *Comité d'Etudes du Haut-Congo*, nous voudrions pouvoir dire de l'*Association internationale africaine*, mais cette dénomination ne répondrait pas à la réalité».

L'œuvre de Stanley se dégage lentement du mystère : «Il importe de la distinguer nettement de l'œuvre poursuivie par l'*Association internationale africaine* dans l'Afrique orientale, dans laquelle prédomine le caractère scientifique et humanitaire, posé à la base de l'Association dans la Conférence de Bruxelles. Sur le Congo, il s'agit beaucoup plus de comptoirs commerciaux créés sous le patronage d'une société commerciale (on commence à s'apercevoir qu'il ne faut plus dire philanthropique) au nom de laquelle Stanley s'est chargé d'ouvrir une route le long des cataractes du fleuve, pour faciliter l'importation, à l'intérieur du continent, des produits des manufactures belges et anglaises».

Quelque chose, à vrai dire, embarrasse la revue du président de la Croix-Rouge, c'est que le roi Léopold ait la main dans les deux entreprises. «Sans doute, dit-elle, S. M. le roi des Belges, président de l'*Association internationale* a pris sous son patronage la Société commerciale du *Comité d'Etudes du Haut-Congo*, et, à l'arrivée de Stanley à Bruxelles (il s'agit de son arrivée en 1882), a reçu l'explorateur pour conférer avec lui. Mais il n'en résulte pas que l'œuvre de celui-ci relève de l'*Association internationale,* parfaitement étrangère aux spéculations commerciales de la Société susmentionnée. »

Cette fois, la revue du philanthrope genevois dissocie complètement l'œuvre des deux sociétés.

Cependant, elle éprouve le besoin de se consoler par la phrase qui suit : « Grâce aux missionnaires dont les stations se multiplient tous les jours le long du fleuve jusqu'à Stanley-Pool, la civilisation ne se présentera pas aux indigènes seulement sous la forme de l'intérêt commercial, mais en même temps sous celle du dévouement et de la charité. »

Mais si la docte revue a fait pour elle-même la distinction entre les deux sociétés, il n'en est pas de même du public. Elle est obligée de le constater le 1er janvier 1883 : « La confusion que font les meilleurs esprits qui continuent à attribuer l'œuvre entreprise par Stanley pour le compte du *Comité d'Etudes du Haut-Congo* et celle que poursuit l'*Association internationale* à l'*Association internationale* (seule) nous conduit à y revenir aujourd'hui, car l'agitation créée autour de l'entreprise du Congo risque de compromettre l'œuvre de l'Afrique orientale ». Autrement dit : l'œuvre commerciale déguisée risque de compromettre l'œuvre scientifique et humanitaire hautement avouée.

La presse entre en scène pour collaborer à la

formation de la légende philanthropique. « Née à la faveur du mystère dont a été entourée dès son début l'entreprise du Congo, cette confusion a été entretenue par les principaux organes de la presse belge, au langage desquels nous avions cru pouvoir nous fier, vu qu'il n'a jamais été contredit par les intéressés. » Et plus loin : « L'*Etoile Belge* et en général les journaux belges, confondant constamment le *Comité d'Etudes* et l'*Association internationale africaine*, nous nous efforçons de distinguer toujours ces deux sociétés, la confusion ne pouvant que porter préjudice à l'*Association internationale*, purement scientifique et humanitaire. »

Bien plus, hardiesse plus géniale encore que la confusion des dénominations, le *Comité d'Etudes* adopta de son propre chef le drapeau de l'*Association internationale*, estimant que l'analogie des deux institutions l'y autorisait.

La même revue s'évertue à dissiper le malentendu : « Loin de nous la pensée de blâmer les organisateurs de l'entreprise du Congo d'avoir fait prédominer le but commercial sur le but scientifique et humanitaire... Mais, puisqu'il s'agit de deux sociétés bien distinctes, il importe qu'on sache nettement ce qui doit être attribué à chacune d'elles .. Nous craindrions que la prolongation de l'imbroglio qui subsiste depuis trois ans ne causât un préjudice très grave à l'*Association internationale*, à laquelle l'obscurité qui plane sur l'œuvre de Stanley a déjà nui plus qu'on ne le croit généralement ».

Un peu plus loin, la mauvaise humeur du rédacteur éclate en une plainte plus grave :

« Lors de la Conférence de Bruxelles, en 1877, on avait prévu des sessions périodiques de la Commission internationale, composée des présidents des principales Sociétés de géographie et des délégués des comités nationaux. Cette Commission n'a plus été convoquée. La plupart des comités nationaux n'ayant plus rien à communiquer à leurs adhérents ne les ont plus réunis, et ne leur demandent plus de contributions. »

Ce dernier passage est d'une extrême importance pour l'histoire des origines de l'Etat Indépendant du Congo. Nous voyons avec quelle habileté on s'y est pris pour faire mourir de consomption l'*Association internationale africaine* et lui substituer sournoisement un organisme nouveau, d'essence totalement différente. La métamorphose, toutefois, s'affirme dans un titre nouveau. Quand Stanley revint en 1882 rendre compte de son premier travail de « prospecteur », on décide de poursuivre l'œuvre commencée et l'on prend le nom nouveau et fort habilement choisi d'*Association internationale du Congo*. La vigie qui de Genève observe les événements ne découvre le changement de nom qu'en 1884 et elle ne laisse pas d'exhaler sa mauvaise humeur : « Nous regrettons, avec l'*Export* de Berlin que ce comité change si souvent de titre ; en effet, c'est tantôt l'*Association internationale africaine,* tantôt l'*Association internationale du Congo,* ou encore l'*Oeuvre africaine* tout court, ce qui n'est ni clair, ni correct. »

CHAPITRE III

La phase politique

———

**L'«Association internationale du Congo» et les
traités avec les chefs indigènes.**

Stanley raconte lui-même en quels termes il
présenta son rapport verbal, à son retour en
Europe en 1882 :

« Je déclarai au Comité que le bassin du Congo
ne valait pas une pièce de quarante sous dans
son état actuel. Impossible d'en tirer parti sans
un chemin de fer reliant le Bas et le Haut-Congo.
Bien mieux, ajoutai-je, vous ne pouvez arriver à
un résultat, même dans un lointain avenir, si
vous n'obtenez pas de l'Europe une charte vous
autorisant à construire ce chemin de fer, à gou-
verner le territoire qu'il traversera, en un mot, à
en rester les seuls gardiens, à l'exclusion de
toute autre puissance.

« Reste à obtenir des chefs indigènes qu'ils
nous cèdent leur autorité pour empêcher des tiers
de venir nous enlever les fruits de nos conquêtes.
Il faut pouvoir exercer le pouvoir politique.»

Le grand mot est lâché : il faut posséder la
souveraineté, le pouvoir politique. Le Comité

d'Etudes aspire à devenir le souverain dans les territoires qu'il a occupés et il va concentrer toutes ses énergies dans un double travail — au Congo, pour obtenir des chefs indigènes en faveur de l'*Association internationale du Congo* (nouveau nom que prend désormais le Comité) l'abandon de leurs droits de souveraineté ; — en Europe et aux Etats-Unis, pour préparer à cette idée l'opinion publique et les puissances. L'*Association internationale du Congo* s'est unanimement rangée à cet avis en réclamant en même temps la continuation des services de Stanley pour mener à bien cette œuvre politique.

Stanley disait-il tout haut ce qu'il savait être la pensée de derrière la tête de ceux qui l'avaient envoyé ou exprimait-il de son cru une idée nouvelle qui lui avait été suggérée par les faits ? Nous ne saurions trancher le problème. On peut s'en tenir à l'*is fecit cui prodest.* Quoi qu'il en soit de cette suggestion, nous la voyons acceptée avec empressement, car elle répond trop bien à la « grande idée » qu'il s'agit de réaliser.

Le pionnier commercial repart, transformé en pionnier politique. Rien de plus amusant ou de plus triste, suivant le point de vue auquel on se place, que la farce des traités avec les chefs indigènes. Pour éclairer la religion du lecteur, quelques échantillons suffiront :

Extrait des traités. « Nous, soussignés, chefs

de Nzoungi, consentons à reconnaître la souveraineté de l'*Association internationale africaine*[1] en foi de quoi nous adoptons son drapeau (bleu étoilé d'or) ».

Autre traité, article 1er : « Les chefs de Ngambi et Mafela reconnaissent qu'il importe hautement, dans l'intérêt du progrès, de la civilisation et du commerce, que l'*Association internationale africaine (sic)* s'établisse solidement dans leur pays. Ils cèdent donc à ladite *Association*, librement, de leur propre mouvement, pour toujours, en leur nom et au nom de leurs héritiers et successeurs, la souveraineté et tout droit de souveraineté sur tous leurs territoires. »

Il semblerait difficile d'être plus coulant. Cependant cette limite fut dépassée dans l'article 2 d'un autre traité :

« Nous abandonnons aux agents de ladite *Association* le droit de percevoir taxes et impôts. »

Jamais guillotiné par persuasion ne s'est livré avec plus d'abandon. Mais là où les pince-sans-rire qu'étaient Stanley et ses agents nous semblent avoir dépassé les bornes, c'est lorsqu'ils ont fait « signer » à de pauvres diables de nègres l'article 6 qui suit :

« Nous n'agirons dans aucun cas en un sens

---

[1] Nouvel avatar de l'*Association internationale du Congo* ; la confusion est toujours entretenue. Jusqu'à la conférence de Berlin, on emploiera indifféremment les deux expressions, en les simplifiant souvent en disant l'*Association internationale* tout court.

contraire à *l'esprit* de cette convention, sous peine de perdre tous droits aux subsides ou cadeaux que nous accordent les agents de l'Association.»

Ceci prend une saveur toute spéciale lorsqu'on songe que des millions d'hectares ont été cédés pour quelques mètres de cotonnades ou des mouchoirs de Glaris.

Au milieu de l'aveuglement qui règne en Europe, le clairvoyant philanthrope, qui de son cabinet de travail de Genève observe la formation de cet Etat en herbe, s'inquiète de la tournure que prennent les événements; il écrit :

«Quant au caractère humanitaire de l'œuvre de Stanley, le grand nombre de noirs, Zanzibarites, Haoussas, Krooboys, recrutés aux deux extrémités du continent et armés de fusils à tir rapide, les détails fournis par les reporters qui l'ont vu au milieu de ses gens à Vivi, et qui le représentent entouré de ses soldats et d'une escorte de princes nègres, dans l'équipage d'un *roi* plus que d'un explorateur, tout cela n'est pas de nature à nous rassurer. Nous ne dirons rien du bruit qui a couru, d'après lequel il aurait, à l'aide de ses Zanzibarites, empêché la libre navigation et le commerce sur le Haut-Congo[1].»

Le Stanley de cette nouvelle phase, grisé par son pouvoir, s'écrie naïvement — nouveau *Miles*

[1] *A. e. et c.*, 1ᵉʳ octobre 1883.

gloriosus — dans une lettre adressée à M. Marston de Londres, le 5 novembre de la même année :

« J'ai sous mes ordres 2000 hommes, 75 Européens, 17 stations et une flottille de 12 navires.»

Grâce à ses habiles manœuvres pour se faire octroyer des droits de souveraineté, une association internationale privée était devenue une manière d'Etat sans en avoir le nom, un Etat en puissance qu'il s'agissait de transformer en Etat réel.

Il est temps de revenir en Europe, en 1884, avec le glorieux « bâtisseur » d'empire, et d'y suivre de très près la façon dont la partie, si bien engagée, va continuer à se jouer. L'on aura lieu d'admirer l'habileté des acteurs et l'inépuisable crédulité de l'énorme majorité des spectateurs, si délicieusement bernés, mais heureux de s'abandonner au beau rêve d'un Etat philanthropique.

CHAPITRE IV

La phase diplomatique

—

Le Congo source de conflits. — Le traité anglo-portugais. — Rôle de l'Institut de droit international. — Campagne en vue des « reconnaissances ». — La Conférence de Berlin. — Conquête de l'opinion publique. — L'Etat Indépendant du Congo, sa charte : l'Acte de Berlin. — Un nouvel autocrate.

—

Le Congo source de conflits.
Le traité anglo-portugais.

Rarement homme d'Etat eut plus d'affaires sur les bras, et de plus complexes, que lord Granville en l'an de grâce 1884. Sans les énumérer toutes, il suffit de rappeler ici le Soudan en révolte, les négociations avec la France au sujet de l'Egypte, les tentatives coloniales de M. de Bismarck qui exécrait le ministère Gladstone et, en apparence effacée, mais gagnant au pied à la sourdine, la question naissante du Congo que la fin de l'année devait voir s'imposer au premier plan. Alors que tant de causes excitaient contre l'Angleterre la haine de l'univers entier, il était réservé à lord Granville, grâce à sa politique congolaise, d'adjoindre à ce concert hostile l'opinion publique de sa propre patrie.

Depuis un ou deux ans, les puissances ne laissaient pas d'être inquiètes des menées de Stanley, qui opérait sur le Haut-Congo pour le compte du roi des Belges en se faisant céder sur une grande échelle les droits de souveraineté des chefs indigènes. Le Portugal s'était tout particulièrement alarmé. Ses prétentions sur le Congo s'étaient affirmées, de façon intermittente, dans le cours du xixᵉ siècle, mais elles se firent plus pressantes en 1882, auprès de lord Granville. Le Portugal revendique hautement, non seulement la côte entre le 5ᵉ degré 12' et le 8ᵉ degré latitude sud, mais encore l'hinterland sans désignation de limite.

Lord Grandville, harcelé, accepte enfin la conversation que ses prédécesseurs aux Affaires étrangères avaient toujours éludée. Loin d'encourager le rêve chimérique des Portugais d'unir par une ligne de possessions continue leurs territoires de l'Ouest à ceux de l'Est, il ne négocie que sur les bases d'une limite déterminée par une occupation effective. Les négociations aboutirent au traité anglo-portugais du 26 février 1884 par lequel l'Angleterre reconnaissait au Portugal la possession des deux rives du Bas-Congo, avec limite, du côté de l'intérieur, à Noki sur la rive sud. Elle obtenait pour son compte les tarifs de la nation la plus favorisée, le droit de police dans les eaux portugaises de l'Afrique occidentale et le droit de préférence si le Portugal aliénait un jour le fort d'Ajuda et ses droits sur la Côte de l'Or. Granville, après avoir proposé que la navigation du Congo fût soumise à une commission internationale, avait admis, devant la résistance du Portugal, qu'elle fût confiée à une commission anglo-portugaise.

Jamais traité ne fut accueilli par un tollé pareil. C'est à qui criera le plus fort haro sur lord Granville. Tollé au Bas-Congo où une trentaine de factoreries européennes trafiquaient au sein d'une délicieuse anarchie. Elles n'allaient pas de gaîté de cœur renoncer à leur liberté de fait dans une terre *nullius* pour se ranger sous les lois du Portugal ! — Tollé en France, où l'on partagea l'indignation des négociants français menacés par de nouvelles taxes, en même temps que par ailleurs le traité faisait échec aux prétentions du gouvernement sur la région de la Côte de l'Or. — Tollé à Lisbonne, où l'opinion publique qui s'attendait à plus, accusait de trahison le ministre portugais à Londres. — Tollé en Angleterre. Les chambres de commerce ne veulent pas entendre parler de tarifs, elles réclament la liberté commerciale pleine et entière. Tollé des cercles missionnaires et philanthropiques, craignant pour la liberté religieuse si le Portugal a le contrôle de ces régions.

Il y avait un homme dont ce tollé servait si admirablement les visées secrètes qu'il l'encouragea de toutes ses forces, on devine qu'il s'agit du roi des Belges, président d'honneur de l'*Association internationale du Congo*. Le traité anglo-portugais, en effet, en fermant aux possessions de l'Association tout débouché vers la mer, était la mort sans phrases de son entreprise. Aussi bien s'efforce-t-il de proclamer *urbi et orbi* que le but de l'Association est purement humanitaire, et qu'elle ne prélèvera aucun droit de douane sur les marchandises ou articles importés dans lesdits territoires afin de permettre au commerce de pénétrer librement dans l'Afrique équatoriale. Par une hardiesse diplomatique qui fut un trait de génie, il fait agir un de ses intimes, le général Sandford, auprès du gouvernement des Etats-Unis. La démarche est couronnée de succès. En date du 22 avril, le gouvernement des Etats-Unis, plein de sympathie pour « le but humain et généreux de l'Association internationale », reconnaît son drapeau à l'égal de celui d'un gouvernement ami.

Pauvre lord Granville. Le coup dut lui paraître d'autant plus sensible, qu'un des rares clairvoyants de l'époque, il savait parfaitement de quelle main il était parti et ne nourrissait aucune illusion sur la « grande entreprise philanthropique ». « C'est Léopold, écrit-il à lord Aberdare, qui fomente l'agitation en Angleterre et ailleurs contre le traité anglo-portugais. » Quoi qu'il en fût, le malheureux traité avait du plomb dans l'aile. Pour achever de le tuer, M. de Bismarck entre en scène. Par une note adressée au gouvernement de lord Granville, il déclare à son tour son opposition. Le traité avait vécu. Le 26 juin, lord Granville était obligé de l'abandonner.

Rôle de l'Institut de droit international

Avant d'en venir à la conférence diplomatique qui s'imposait pour éviter les compétitions dangereuses à propos de territoires mal délimités, il convient de montrer que ses voies avaient été préparées, en dehors des cadres officiels, par des juristes et des publicistes ayant prévu que la question du Congo serait grosse de difficultés. Ici encore, il faut tout d'abord citer M. Moynier. Dès la première heure, il avait attiré l'attention de l'Institut de droit international sur la navigation du Congo et sur la nécessité de le soumettre à une surveillance internationale (5 sept. 1878)[1]. Puis M. de Laveleye, dans une étude parue dans la *Revue de droit*

---

[1] *Annuaire* de l'Institut de droit international, t. III, p. 155. Avant cela, à la date du 22 janvier 1878, M. Moynier avait écrit au Comité national suisse pour lui faire connaître l'opinion du missionnaire Grundemann qui venait de lui être transmise par le D' H. Christ-Socin, de Bâle. Voici ce que disait M. Christ-Socin : « Un missionnaire éclairé, le D' R. Grundemann propose une entente entre les puissances maritimes, tendant à établir d'ores et déjà une Commission internationale, qui réglemen-

international du 1er juin 1883, faisant sienne l'idée de l'illustre voyageur allemand Gerhard Rohlfs d'internationaliser le Congo, préconisait pour le Congo un régime international : « La solution, disait-il, me paraît être celle-ci : reconnaître la neutralité du Congo, — confier le règlement de tout ce qui concerne le régime du grand fleuve à une commission internationale, comme on l'a fait pour le Danube ; ou tout au moins reconnaître la neutralité des stations hospitalières et humanitaires déjà fondées ou qui se fonderont successivement sur le Congo ». On retrouvera cette idée dans l'article 17 de l'Acte de Berlin. Elle était appuyée en France par M. de Lesseps. M. de Laveleye, plein d'admiration pour l'œuvre de l'*Association internationale*, s'écrie :

« L'Association internationale, c'est en réalité une autre Croix-Rouge, choisissant pour théâtre de son œuvre de dévouement, non plus les champs de bataille de l'Europe, mais les régions encore inexplorées de l'Afrique. »

Le 1er juillet, M. Moynier adressait aux membres et associés de l'Institut de droit international une lettre-circulaire où il soutenait l'idée de neu-

terait le commerce sur le fleuve, afin de protéger à la fois le négociant loyal contre les attaques des cannibales, et l'indigène contre les mauvais procédés des trafiquants déloyaux ou immoraux. Un des articles essentiels de ce règlement, dont l'observation serait assurée par quelques navires stationnés dans ces parages, prohiberait absolument l'eau-de-vie comme objet de traite ».

tralisation émise par M. de Laveleye. Il s'étonnait que du moment que les Etats civilisés étaient tous plus ou moins intéressés à ce qu'aucune puissance ne s'attribuât un droit exclusif de passage sur tout ou partie de cette magnifique artère fluviale, aucun d'eux n'ait manifesté jusqu'ici l'intention de se mettre en avant pour provoquer une entente dans ce sens. Le président de la Croix-Rouge engageait l'Institut à faire connaître ses vœux aux gouvernements, jusqu'à ce qu'il ait trouvé un souverain de bonne volonté qui consente à inviter les autres Etats à une conférence *ad hoc.*

Le 24, sir Travers Twiss présentait à l'Institut international un mémoire sur la libre navigation du Congo. Sir Travers Twiss insiste sur un point important de la question, celui de la police du fleuve.

Enfin, le 4 septembre, M. Moynier reprenait à fond le sujet tout entier dans un remarquable mémoire lu à l'Institut de droit international, à Munich. Il montre de façon lumineuse que le but essentiel à poursuivre est « la liberté pour tout le monde de naviguer, soit sur le Congo lui-même, soit sur ses affluents directs et ses autres tributaires, et d'y trafiquer pacifiquement en tout temps. On vise à ce que le droit de circuler sur ce vaste réseau fluvial ne puisse pas devenir l'objet d'un monopole, à ce que l'accès en soit toujours permis, et à ce qu'aucune entrave ne soit mise à l'activité civilisatrice d'un peuple quelconque dans ses parties navigables. Les intérêts de la production européenne, du commerce, de la colonisation, du progrès en un mot, seraient admirablement servis par un semblable régime, et le bassin du Congo se trouverait ainsi mieux partagé, économiquement parlant, que les Etats du vieux monde auquel il serait redevable de cette supériorité ».

Une commission était nommée pour examiner ce mémoire et, le 7, l'Institut de droit international exprimait « le vœu que le principe de la liberté de navigation, pour toutes les nations, soit appliqué au fleuve du Congo et à ses affluents, et que toutes les puissances s'entendent sur des mesures propres à prévenir les conflits entre nations civilisées dans l'Afrique équatoriale ». L'Institut chargeait son bureau « de transmettre ce vœu aux diverses puissances, en y joignant, mais seulement à titre d'information, le mémoire qui lui a été présenté par l'un de ses membres, M. Moynier, dans la séance du 4 septembre 1883 ».

Le programme d'une conférence diplomatique avait été tracé de main de maître par M. Moynier. Il ne manquait plus que l'homme d'Etat capable de prendre l'initiative que M. Moynier appelait de ses vœux. Moins d'un an après, le conflit anglo-portugais ayant dessillé les yeux, cet homme se rencontrait en la personne de M. de Bismarck.

Campagne en vue des « reconnaissances ».
La Conférence de Berlin.
Conquête de l'opinion publique.

Au lendemain de l'échec définitif de lord Granville, le chancelier de l'Empire prend l'initiative de la réunion à Berlin d'une conférence internationale « pour régler, dans un esprit de bonne entente mutuelle, les conditions les plus favorables au développement du commerce et de la civilisation dans certaines régions de l'Afrique ». Mais, avant même l'ouverture de la Conférence, l'Allemagne, emboîtant le pas aux Etats-Unis, reconnaissait solennellement le pavillon de l'Association internationale du Congo comme celui d'un Etat ami.

Lord Granville, pour qui cette nouvelle « reconnaissance » est un avertissement significatif, comprend la vanité d'une politique de bouderie. Il trie sur le volet les délégués anglais à la Conférence.

Le premier plénipotentiaire, sir Ed. Malet, le nouvel ambassadeur à Berlin, sera encadré par MM. Robert Meade, sous-secrétaire au Colonial Office, Percy Anderson, chef du Département de l'Afrique au Foreign Office et sir Edw. Hertslet, archiviste de ce ministère. Ces spécialistes en questions coloniales étaient en outre accompagnés par sir Travers Twiss, le célèbre juriste, par

M. J. Bolton, le géographe, et sir Joseph Crowe, du service consulaire.

Telle était la mission anglaise qui se rendait à Canossa, ainsi qu'on chuchotait autour d'elle avec des ricanements ironiques.

La Conférence africaine s'ouvrit le 15 novembre 1884. Bismarck prononce un discours où il rappelle que son programme ne devait porter «*que* sur la liberté du commerce dans le bassin du Congo et ses embouchures». Immédiatement après lui, sir Ed. Malet se lève et lit une déclaration où aussitôt s'affirme un point de vue nouveau. Après avoir appuyé les vues du gouvernement allemand sur la liberté du commerce, le plénipotentiaire anglais ajoute :

«Je dois cependant ne pas perdre de vue que, dans l'opinion de sa Majesté Britannique les intérêts commerciaux ne doivent pas être envisagés comme sujet exclusif des déclarations de la Conférence.

«Si l'exploitation des marchés du Congo est désirable, le bien-être des indigènes ne doit pas être négligé. Ceux-ci perdront plus qu'ils ne gagneront, si la liberté du commerce, dépourvue du contrôle raisonnable, venait à dégénérer en licence... Je dois me rappeler que les indigènes ne sont pas représentés dans notre sein et que, cependant, les décisions de la Conférence auront pour eux une gravité extrême».

Non seulement la proposition nouvelle fut prise

en considération, mais ce fut à qui, du Portugal, de l'Italie ou des autres puissances, féliciterait le plus chaleureusement S. E. le Plénipotentiaire de la Grande-Bretagne pour « les généreux sentiments » et pour « les vœux » qu'il avait émis «en faveur des populations indigènes ».

La revanche de lord Granville commençait, mais l'on ne s'en aperçut point, tout disparaissant sous l'impression dominante que l'Angleterre subissait Canossa. D'ailleurs, comment la pâle étoile des revanches futures eût-elle pu lutter d'éclat avec l'étoile d'or de l'Association internationale du Congo, alors à son zénith ? Léopold II et son agent officieux à Berlin, Stanley, dépensaient une active diplomatie pour amener les autres puissances à imiter l'exemple des Etats-Unis et de l'Allemagne. Le courant était irrésistible. Lord Granville comprit qu'on allait assister à une avalanche de « reconnaissances ». Spirituellement, il prit les devants et la convention entre le gouvernement anglais et l'Association internationale du Congo fut signée à Berlin le 16 décembre. La déclaration anglaise était ainsi libellée :

« Le gouvernement de Sa Majesté britannique déclare accorder sa sympathie et son approbation *au but humanitaire et bienveillant* de l'Association et, par la présente, reconnaît le pavillon de l'Association et des Etats libres sous son administration comme le pavillon d'un gouvernement ami. »

Le but humanitaire était habilement souligné dans le préambule, et les articles de la convention établissaient solidement les droits du gouvernement et des sujets anglais.

Quant aux propositions de sir Ed. Malet concernant la protection des indigènes, elles ont pris corps dans l'Acte de Berlin du 26 février 1885, signé par toutes les puissances, y compris l'Etat en herbe du Congo léopoldien.

N'était-il point habile d'avoir amené un très habile adversaire à signer des clauses qui portaient en germe sa propre condamnation ? La revanche, décidément, prenait corps. Canossa se transformait, pour lord Granville, en son plus beau triomphe diplomatique. Mais encore une fois, on ne le voyait pas : tous les yeux étaient pour « l'Européen philanthrope[1] », acclamé comme fondateur d'empire.

L'Etat indépendant du Congo et sa charte : L'Acte de Berlin.

Stanley résidait alors à Berlin comme conseiller technique. En marge de la conférence, il se multipliait en une active diplomatie pour amener d'autres puissances que les Etats-Unis, l'Allemagne et l'Angleterre à reconnaître l'Association

---

[1] **Expression de M. Kasson, ministre des Etats-Unis. (Voir le Protocole n° 2 de la Conférence de Berlin).**

internationale du Congo. Le succès couronna ces démarches.

Le 23 février, le Dr Busch, président effectif de la Conférence, annonce à celle-ci que presque toutes les puissances représentées à l'assemblée ont maintenant reconnu par traité l'*Association internationale du Congo*. Il exprime la satisfaction personnelle que lui cause ce résultat ainsi que la vive sympathie qu'ont inspirée au gouvernement allemand les magnanimes efforts du roi Léopold II, aujourd'hui couronnés d'un succès si absolu. Les délégués de toutes les puissances s'associent à ces paroles et consignent, pour leur propre compte, au protocole, le témoignage de leur admiration à l'égard de la grande œuvre accomplie par le roi des Belges.

Mais le succès se transforma en triomphe lorsque, dans la dernière séance de la Conférence (26 février), M. de Bismarck prononça pour la première fois le mot : « Etat du Congo ». Le président de l'*Association internationale* avait adressé une lettre à M. de Bismarck pour lui dire que l'*Association* adhérait à l'acte général que la Conférence avait élaboré et au bas duquel les puissances avaient apposé leurs signatures. M. de Bismarck, après avoir lu cette lettre devant la Conférence réunie solennellement en séance plénaire, s'était écrié :

« Messieurs, je crois répondre au sentiment de l'assemblée en saluant avec satisfaction la démarche de l'*Association internationale du Congo* et en prenant acte de son adhésion à nos résolutions. Le nouvel *Etat du Congo* est appelé à devenir un des principaux gardiens de l'œuvre que nous avons en vue et je fais des vœux pour son développement prospère et pour l'accomplissement des nobles aspirations de son illustre fondateur. »

L'Etat du Congo était né avec le poinçon de *garantie philanthropique apposé par M. de Bismarck.*

Après cette solennelle consécration de la légende humanitaire[1] qui avait dominé la Conférence de Berlin et de là, rayonné sur le monde, il ne restait plus que de simples formalités à remplir et elles le furent rapidement. Les Chambres belges accordèrent à leur monarque constitutionnel le droit de devenir souverain de l'Etat Indépendant du Congo sous le régime de l'union personnelle, qui, d'après les explications de M. Beernaert[2], laisse les deux Etats « absolument distincts, absolument indépendants ; ils n'ont rien de commun entre eux, ni au point de vue militaire, ni au

[1] Les rédacteurs de l'Almanach de Gotha ne se trompèrent pas sur l'importance capitale du rôle joué par M. de Bismarck. Voulant représenter les fondateurs du nouvel Etat, ils firent graver une planche avec trois médaillons encadrant les portraits de Bismarck, de Stanley et de Léopold II. Un apologiste de Léopold II compte, au nombre des titres de gloire du roi des Belges, l'habileté avec laquelle il sut amener M. de Bismarck à entrer dans son jeu. (V. *Léopold II intime,* par G. Freddy.)

[2] Chambre des Représentants, séance du 28 avril 1885.

point de vue financier, ni au point de vue diplomatique». Et un autre député, M. Bara, à l'instar de Ponce-Pilate, se lavait les mains pour la Belgique de tout ce qui pourrait arriver :

« Que cet Etat africain lèse autrui, qu'il soit mal administré, qu'il soulève des conflits et des guerres, nous n'y avons aucune responsabilité.»

Léopold II, ayant reçu des Chambres le droit d'accepter la souveraineté du nouvel Etat, fit savoir aux puissances qu'il prendrait le titre de « Roi-souverain de l'Etat Indépendant du Congo». On l'annonce à tous les chefs de stations en Afrique, et, ce jour-là, l'on illumina sur les bords du grand fleuve...

Une nouvelle autocratie était née dans le monde, mais c'était une autocratie grevée de servitudes internationales : l'Acte de Berlin constituait en quelque sorte sa charte.

« L'Acte général de Berlin, du 26 février 1885, auquel l'*Association internationale du Congo* a adhéré, a grevé tout le bassin du Congo d'une servitude, que l'Etat Indépendant doit subir pour sa part et qui porte une assez sérieuse atteinte à sa souveraineté [1]. »

La principale servitude consiste dans les clauses de l'Acte relatives à la liberté du commerce et à la protection des indigènes (articles 1, 5, 6) [2].

---

[1] Moynier. *La fondation de l'Etat Indépendant du Congo au point de vue juridique,* p. 19.
[2] Voir à l'appendice le texte de l'Acte de Berlin.

Comment le souverain du Congo les a observées, on le verra plus loin.

Mais, songeant, malgré ces restrictions, au pouvoir autocratique du nouveau monarque, M. Moynier ajoutait :

« Qu'on se rassure ; ce n'est point pour en mésuser ou en abuser qu'il s'est attribué un pouvoir aussi étendu. Ne sait-on pas que, dans la conférence africaine de Berlin, les représentants officiels des puissances qui s'y trouvaient réunies ont rendu hommage aux intentions humanitaires et bienveillantes du fondateur de l'*Association internationale*, et que nul ne les met en doute ? Plus heureux que les grenouilles de la fable, les Congolais ont reçu de la Providence, sans même le lui avoir demandé, un maître aussi actif que paternel, aussi éclairé que pacifique, auquel ils n'auront à reprocher ni l'inertie du soliveau, ni la voracité de la grue. »

Comment ces « intentions humanitaires et paternelles » ont été réalisées par le nouvel Etat philanthropique, le lecteur l'apprendra dans les pages qui suivent.

Cependant, pour être exact, il faut noter, dans ce concert de dithyrambes, une voix discordante, celle d'un géographe qui se méfiait :

« C'est le premier essai d'un Etat international, et ce sera peut-être le dernier, car jamais autant qu'aujourd'hui le mot « fraternité » n'a caché plus de basse convoitise. »

Quant à cette infinité de peuplades noires, « l'Etat libre, international et « fraternel » les pénétrera-t-il sans les voler et les violer ? [1] »

Du philanthrope genevois, qui fut le consul général du nouvel Etat en Suisse, ou du géographe français, lequel avait vu le plus clair ?

---

[1] Onésime Reclus, *La Terre à vol d'oiseau*, 1885.

L'Acte de Berlin

*Nous avons, pour le grand Acte de 1885
un attachement filial.*
        E. Van Eetvelde.
        Secrétaire d'Etat.

(Lettre à M. Beernaert, 17 octobre 1892.) [1]

Au Nom de Dieu Tout-Puissant...

Suivent la désignation des souverains participants, le préambule dont l'essentiel a été donné ci-dessus, p. 43, et le nom des plénipotentiaires.

CHAPITRE I

Déclaration relative à la liberté du commerce dans le bassin du Congo, ses embouchures et pays circonvoisins, et dispositions connexes.

Article premier. — Le commerce de toutes les nations jouira d'une complète liberté :

1º Dans tous les territoires constituant le bassin du Congo et de ses affluents. Ce bassin est délimité par les crêtes des bassins contigus, à savoir notamment les bassins du Niari, de l'Ogowé, du Schari et du Nil,

---

[1] Il est à noter que M. Van Eetvelde, secrétaire, puis ministre d'Etat du gouvernement congolais, écrivait ces lignes au moment même où le Roi-Souverain, par des décrets secrets, se préparait à violer l'Acte de Berlin. M. Van Eetvelde a fait partie de l'Abir, cette compagnie concessionnaire que des cruautés sans nom ont rendue tristement célèbre. A partir de 1898, M. Van Eetvelde figure à l'Almanach de Gotha avec le titre de baron.

au Nord ; par la ligne de faîte orientale des affluents du lac Tanganyka, à l'Est ; par les crêtes des bassins du Zambèze et de la Logé, au Sud. Il embrasse en conséquence tous les territoires drainés par le Congo et ses affluents, y compris le lac Tanganyka et ses tributaires orientaux ;

2º Dans la zone maritime s'étendant sur l'Océan Atlantique depuis le parallèle situé par 2º3o' de latitude Sud jusqu'à l'embouchure de la Logé.

La limite septentrionale suivra le parallèle situé par 2º3o', depuis la côte jusqu'au point où il rencontre le bassin géographique du Congo, en évitant le bassin de l'Ogowé auquel ne s'appliquent pas les stipulations du présent Acte.

La limite méridionale suivra le cours de la Logé jusqu'à la source de cette rivière et se dirigera de là vers l'Est jusqu'à la jonction avec le bassin géographique du Congo.

3º Dans la zone se prolongeant à l'Est du bassin du Congo, tel qu'il est délimité ci-dessus, jusqu'à l'Océan Indien, depuis le cinquième degré de latitude Nord jusqu'à l'embouchure du Zambèze au Sud ; de ce point la ligne de démarcation suivra le Zambèze jusqu'à cinq milles en amont du confluent du Shiré et continuera par la ligne de faîte séparant les eaux qui coulent vers le lac Nyassa des eaux tributaires du Zambèze, pour rejoindre enfin la ligne de partage des eaux du Zambèze et du Congo.

Il est expressément entendu qu'en étendant à cette zone orientale le principe de la liberté commerciale, les Puissances représentées à la Conférence ne s'engagent que pour elles-mêmes et que ce principe ne s'appliquera pas aux territoires appartenant actuellement à quelque Etat indépendant ou souverain qu'autant que celui-ci y donnera son consentement. Les Puissances conviennent d'employer leurs bons offices auprès des Gouvernements établis sur le littoral africain de la mer des Indes afin d'obtenir ledit consentement et, en tout cas, d'assurer au transit de toutes les nations les conditions les plus favorables.

ART. 2. — Tous les pavillons, sans distinction de nationalité, auront libre accès à tout le littoral des territoires énumérés ci-dessus, aux rivières qui s'y déversent dans la mer, à toutes les eaux du Congo et de ses affluents, y compris les lacs, à tous les ports situés sur les bords de ces eaux, ainsi qu'à tous les canaux qui pourraient être creusés à l'avenir dans le but de relier entre eux les cours d'eau ou les lacs compris dans toute l'étendue des territoires décrits à l'article 1er. Ils pourront entreprendre toute espèce de transports et exercer le cabotage maritime et fluvial ainsi que la batellerie sur le même pied que les nationaux.

ART. 3. — Les marchandises de toute provenance importées dans ces territoires, sous quelque pavillon que ce soit, par la voie maritime ou fluviale ou par celle de terre, n'auront à acquitter d'autres taxes que celles qui pourraient être perçues comme une équitable compensation de dépenses utiles pour le commerce et qui, à ce titre, devront être également supportées par les nationaux et par les étrangers de toute nationalité.

Tout traitement différentiel est interdit à l'égard des navires comme des marchandises.

ART. 4. — Les marchandises importées dans ces territoires resteront affranchies de droits d'entrée et de transit.

Les Puissances se réservent de décider, au terme d'une période de vingt années, si la franchise d'entrée sera ou non maintenue.

ART. 5. — Toute Puissance qui exerce ou exercera des droits de souveraineté dans les territoires susvisés ne pourra y concéder ni monopole ni privilège d'aucune espèce en matière commerciale.

Les étrangers y jouiront indistinctement, pour la protection de leur personne et de leurs biens, l'acquisition et la transmission de leurs propriétés mobilières et immobilières et pour l'exercice des professions, du même traitement et des mêmes droits que les nationaux.

ART. 6. — *Dispositions relatives à la protection des indigènes, des missionnaires et des voyageurs, ainsi qu'à la liberté religieuse.* — Toutes les Puissances exerçant des droits de souveraineté ou une influence dans lesdits territoires s'engagent à veiller à la conservation des populations indigènes et à l'amélioration de leurs conditions morales et matérielles d'existence et à concourir à la suppression de l'esclavage et surtout de la traite des noirs; elles protégeront et favoriseront, sans distinction de nationalités ni de cultes, toutes les institutions et entreprises religieuses, scientifiques ou charitables créées et organisées à ces fins ou tendant à instruire les indigènes et à leur faire comprendre et apprécier les avantages de la civilisation.

Les missionnaires chrétiens, les savants, les explorateurs, leurs escortes, avoir et collections, **seront éga**lement l'objet d'une protection spéciale.

La liberté de conscience et la tolérance religieuse sont expressément garanties aux indigènes comme aux nationaux et étrangers. Le libre et public exercice de tous les cultes, le droit d'ériger des édifices religieux et d'organiser des missions appartenant à tous les cultes ne seront soumis à aucune restriction ni entrave.

Art. 7. — *Régime postal.* — La Convention de l'Union Postale universelle revisée à Paris le 1er juin 1878 sera appliquée au bassin conventionnel du Congo.

Les Puissances qui y exercent ou exerceront des droits de souveraineté ou de protectorat s'engagent à prendre, aussitôt que les circonstances le permettront, les mesures nécessaires pour l'exécution de la disposition qui précède.

Art. 8. — *Droit de surveillance attribué à la Commission internationale de navigation du Congo.* — Dans toutes parties du territoire visé par la présente Déclaration où aucune Puissance n'exercerait des droits de souveraineté ou de protectorat, la Commission internationale de la navigation du Congo, instituée en vertu de l'art. 17, sera chargée de surveiller l'application des principes proclamés et consacrés par cette Déclaration.

Pour tous les cas où des difficultés relatives à l'application des principes établis par la présente Déclaration viendraient à surgir, les Gouvernements intéressés pourront convenir de faire appel aux bons offices de la Commission internationale en lui déférant l'examen des faits qui auront donné lieu à ces difficultés.

CHAPITRE II

Déclaration concernant la traite des esclaves.

ART. 9. — Conformément aux principes du droit
des gens, tels qu'ils sont reconnus par les Puissances
signataires, la traite des esclaves étant interdite, et les
opérations qui, sur terre ou sur mer, fournissent des
esclaves à la traite devant être également considérées
comme interdites, les Puissances qui exercent ou qui
exerceront des droits de souveraineté ou une influence
dans les territoires formant le bassin conventionnel
du Congo déclarent que ces territoires ne pourront
servir ni de marché ni de voie de transit pour la traite
des esclaves de quelque race que ce soit. Chacune de
ces Puissances s'engage à employer tous les moyens
en son pouvoir pour mettre fin à ce commerce et
pour punir ceux qui s'en occupent.

CHAPITRE III

Déclaration relative à la neutralité
des territoires compris dans le bassin conventionnel
du Congo.

ART. 10. — Afin de donner une garantie nouvelle
de sécurité au commerce et à l'industrie et de favoriser,
par le maintien de la paix, le développement de la
civilisation dans les contrées mentionnées à l'article
premier et placées sous le régime de la liberté commerciale, les Hautes Parties signataires du présent
Acte et celles qui y adhéreront par la suite s'engagent
à respecter la neutralité des territoires ou parties de
territoire dépendant desdites contrées, y compris les
eaux territoriales, aussi longtemps que les Puissances

qui exercent ou exerceront des droits de souveraineté ou de protectorat sur ces territoires, usant de la faculté de se proclamer neutres, rempliront les devoirs que la neutralité comporte.

Art. 11. — Dans le cas où une Puissance exerçant des droits de souveraineté ou de protectorat dans les contrées mentionnées à l'article premier, et placées sous le régime de la liberté commerciale, serait impliquée dans une guerre, les Hautes Parties signataires du présent Acte et celles qui y adhéreront par la suite s'engagent à prêter leurs bons offices pour que les territoires appartenant à cette Puissance et compris dans la zone conventionnelle de la liberté commerciale soient, du consentement commun de cette Puissance et de l'autre ou des parties belligérantes, placées pour la durée de la guerre sous le régime de la neutralité et considérés comme appartenant à un Etat non belligérant ; les parties belligérantes renonceraient, dès lors, à étendre les hostilités aux territoires ainsi neutralisés, aussi bien qu'à les faire servir de base à des opérations de guerre.

Art. 12. — Dans le cas où un dissentiment sérieux, ayant pris naissance au sujet ou dans les limites des territoires mentionnés à l'article premier et placés sous le régime de la liberté commerciale, viendrait à s'élever entre des Puissances signataires du présent Acte ou des Puissances qui y adhéreraient par la suite, ces Puissances s'engagent, avant d'en appeler aux armes, à recourir à la médiation d'une ou de plusieurs Puissances amies.

Pour le même cas , les mêmes Puissances se réservent le recours facultatif à la procédure de l'arbitrage.

CHAPITRE IV

Acte de navigation du Congo

Art. 13. — La navigation du Congo, sans exception d'aucun des embranchements ni issues de ce fleuve, est et demeurera entièrement libre pour les navires marchands, en charge ou sur lest, de toutes les nations, tant pour le transport des marchandises que pour celui des voyageurs. Elle devra se conformer aux dispositions du présent Acte de navigation et aux règlements à établir en exécution du même Acte.

Dans l'exercice de cette navigation, les sujets et les pavillons de toutes les nations seront traités, sous tous les rapports, sur le pied d'une parfaite égalité, tant pour la navigation directe de la pleine mer vers les ports intérieurs du Congo, et vice versa, que pour le grand et le petit cabotage ainsi que pour la batellerie sur le parcours de ce fleuve.

En conséquence, sur tout le parcours et aux embouchures du Congo, il ne sera fait aucune distinction entre les sujets des Etats riverains et ceux des non-riverains, et il ne sera concédé aucun privilège exclusif de navigation, soit à des sociétés ou corporations quelconques, soit à des particuliers.

Ces dispositions sont reconnues par les Puissances signataires comme faisant désormais partie du droit public international.

Art. 14. — La navigation du Congo ne pourra être assujettie à aucune entrave ni redevance qui ne seraient pas expressément stipulées dans le présent Acte. Elle ne sera grevée d'aucune obligation d'échelle, d'étape, de dépôt, de rompre charge, ou de relâche forcée.

Dans toute l'étendue du Congo, les navires et les marchandises transitant sur le fleuve ne seront soumis à aucun droit de transit, quelle que soit leur provenance ou leur destination.

Il ne sera établi aucun péage maritime ni fluvial basé sur le seul fait de la navigation, ni aucun droit sur les marchandises qui se trouvent à bord des navires. Pourront seuls être perçus des taxes ou droits qui auront le caractère de rétribution pour services rendus à la navigation même, savoir :

1º Des taxes de port pour l'usage effectif de certains établissements locaux, tels que quais, magasins, etc.

Le tarif de ces taxes sera calculé sur les dépenses de construction et d'entretien desdits établissements locaux, et l'application en aura lieu sans égard à la provenance des navires ni à leur cargaison.

2º Des droits de pilotage sur les sections fluviales où il paraîtrait nécessaire de créer des stations de pilotes brevetés.

Le tarif de ces droits sera fixe et proportionné au service rendu.

3º Des droits destinés à couvrir les dépenses techniques et administratives, faites dans l'intérêt général de la navigation, y compris les droits de phare, de fanal et de balisage.

Les droits de cette dernière catégorie seront basés sur le tonnage des navires, tel qu'il résulte des papiers de bord, et conformément aux règles adoptées sur le Bas-Danube.

Les tarifs d'après lesquels les taxes et droits, énumérés dans les trois paragraphes précédents, seront perçus, ne comporteront aucun traitement différentiel et devront être officiellement publiés dans chaque port.

Les Puissances se réservent d'examiner, au bout d'une période de cinq ans, s'il y a lieu de reviser, d'un commun accord, les tarifs ci-dessus mentionnés.

Art. 15. — Les affluents du Congo seront à tous égards soumis au même régime que le fleuve dont ils sont tributaires.

Le même régime sera appliqué aux fleuves et rivières ainsi qu'aux lacs et canaux des territoires déterminés par l'article 1er, § 2 et 3.

Toutefois, les attributions de la Commission internationale du Congo ne s'étendent pas sur lesdits fleuves, rivières, lacs et canaux, à moins de l'assentiment des Etats sous la souveraineté desquels ils sont placés. Il est bien entendu aussi que, pour les territoires mentionnés dans l'article premier, paragraphe 3, le consentement des Etats souverains de qui ces territoires relèvent demeure réservé.

Art. 16. — Les routes, chemins de fer ou canaux latéraux qui pourront être établis dans le but spécial de suppléer à l'innavigabilité ou aux imperfections de la voie fluviale sur certaines sections du parcours du Congo, de ses affluents et des autres cours d'eau qui leur sont assimilés par l'article 15 seront considérés, en leur qualité de moyens de communication, comme des dépendances de ce fleuve et seront également ouverts au trafic de toutes les nations.

De même que sur le fleuve, il ne pourra être perçu sur ces routes, chemins de fer et canaux que des péages calculés sur les dépenses de construction, d'entretien et d'administration, et sur les bénéfices dus aux entrepreneurs.

Quant aux taux de ces péages, les étrangers et les nationaux des territoires respectifs seront traités sur le pied d'une parfaite égalité.

Art. 17. — Il est institué une Commission internationale chargée d'assurer l'exécution des dispositions du présent Acte de navigation.

Les Puissances signataires de cet Acte, ainsi que celles qui y adhéreront postérieurement, pourront, en tout temps, se faire représenter dans ladite Commission, chacune par un délégué. Aucun délégué ne pourra disposer de plus d'une voix, même dans le cas où il représenterait plusieurs gouvernements.

Ce délégué sera directement rétribué par son gouvernement.

Les traitements et allocations des agents et employés de la Commission internationale seront imputés sur le produit des droits perçus conformément à l'article 14, §§ 2 et 3.

Les chiffres desdits traitements et allocations, ainsi que le nombre, le grade et les attributions des agents et employés, seront inscrits dans le compte-rendu qui sera adressé chaque année aux gouvernements représentés dans la Commission internationale.

Art. 18. — Les membres de la Commission internationale, ainsi que les agents nommés par elle, sont investis du privilège de l'inviolabilité dans l'exercice de leurs fonctions. La même garantie s'étendra aux offices, bureaux et archives de la Commission.

Art. 19. — La Commission internationale de navigation du Congo se constituera aussitôt que cinq des

Puissances signataires du présent Acte général auront nommé leurs délégués. En attendant la constitution de la Commission, la nomination des délégués sera notifiée au gouvernement de l'empire d'Allemagne par les soins duquel les démarches nécessaires seront faites pour provoquer la réunion de la Commission [1].

La Commission élaborera immédiatement des règlements de navigation, de police fluviale, de pilotage et de quarantaine.

Ces règlements, ainsi que les tarifs à établir par la Commission, avant d'être mis en vigueur, seront soumis à l'approbation des Puissances représentées dans la Commission. Les Puissances intéressées devront faire connaître leur avis dans le plus bref délai possible.

Les infractions à ces règlements seront réprimées par les agents de la Commission internationale, là où elle exercera directement son autorité, et ailleurs par la Puissance riveraine.

Au cas d'un abus de pouvoir ou d'une injustice de la part d'un agent ou d'un employé de la Commission internationale, l'individu qui se regardera comme lésé dans sa personne ou dans ses droits pourra s'adresser à l'agent consulaire de sa nation. Celui-ci devra examiner la plainte ; s'il la trouve *prima facie* raisonnable, il aura le droit de la présenter à la Commission. Sur son initiative, la Commission, représentée par trois au moins de ses membres, s'adjoindra à lui pour faire une enquête touchant la conduite de son agent ou employé. Si l'agent consulaire considère la décision de la Commission comme soulevant des objections

---

[1] Cette Commission n'a jamais existé que sur le papier.

de droit, il en fera un rapport à son gouvernement qui pourra recourir aux Puissances représentées dans la Commission et les inviter à se concerter sur des instructions à donner à la Commission.

Art. 20. — La Commission internationale du Congo, chargée, aux termes de l'article 17, d'assurer l'exécution du présent Acte de navigation, aura notamment dans ses attributions :

1. La désignation des travaux propres à assurer la navigabilité du Congo selon les besoins du commerce international.

Sur les sections du fleuve où aucune Puissance n'exercera des droits de souveraineté, la Commission internationale prendra elle-même les mesures nécessaires pour assurer la navigabilité du fleuve.

Sur les sections du fleuve occupées par une Puissance souveraine, la Commission internationale s'entendra avec l'autorité riveraine.

2. La fixation du tarif de pilotage et celle du tarif général des droits de navigation prévus aux deuxième et troisième paragraphes de l'art. 14.

Les tarifs mentionnés au premier paragraphe de l'article 14 seront arrêtés par l'autorité territoriale, dans les limites prévues audit article.

La perception de ces différents droits aura lieu par les soins de l'autorité internationale ou territoriale pour le compte de laquelle ils sont établis.

3. L'administration des revenus provenant de l'application du paragraphe 2 ci-dessus.

4. La surveillance de l'établissement quarantenaire établi en vertu de l'art. 24.

5. La nomination des agents dépendant du service

général de la navigation et celle de ses propres employés.

L'institution des sous-inspecteurs appartiendra à l'autorité territoriale sur les sections occupées par une Puissance, et à la Commission internationale sur les autres sections du fleuve.

La Puissance riveraine notifiera à la Commission internationale la nomination des sous-inspecteurs qu'elle aura institués, et cette Puissance se chargera de leur traitement.

Dans l'exercice de ses attributions, telles qu'elles sont définies et limitées ci-dessus, la Commission internationale ne dépendra pas de l'autorité territoriale.

ART. 21. — Dans l'accomplissement de sa tâche, la Commission internationale pourra recourir, au besoin, aux bâtiments de guerre des Puissances signataires de cet Acte et de celles qui y accéderont à l'avenir, sous toute réserve des instructions qui pourraient être données aux commandants de ces bâtiments par leurs gouvernements respectifs.

ART. 22. — Les bâtiments de guerre des Puissances signataires du présent Acte qui pénètrent dans le Congo sont exempts du paiement des droits de navigation prévus au paragraphe 3 de l'article 14 ; mais ils acquitteront les droits éventuels de pilotage ainsi que les droits de port, à moins que leur intervention n'ait été réclamée par la Commission internationale, ou ses agents, aux termes de l'article précédent.

ART. 23. — Dans le but de subvenir aux dépenses techniques et administratives qui lui incombent, la Commission internationale instituée par l'art. 17, pourra négocier, en son nom propre, des emprunts exclusivement gagés sur les revenus attribués à ladite Commission.

Les décisions de la Commission tendant à la conclusion d'un emprunt devront être prises à la majorité des deux tiers des voix. Il est entendu que les gouvernements représentés à la Commission ne pourront, en aucun cas, être considérés comme assumant aucune garantie, ni contractant aucun engagement ni solidarité à l'égard des dits emprunts, à moins de conventions spéciales conclues par eux à cet effet.

Le produit des droits spécifiés au troisième paragraphe de l'article 14 sera affecté par priorité au service des intérêts et à l'amortissement desdits emprunts, suivant les conventions passées avec les prêteurs.

ART. 24. — Aux embouchures du Congo, il sera fondé, soit par l'initiative des Puissances riveraines, soit par l'intervention de la Commission internationale, un établissement quarantenaire qui exercera le contrôle sur les bâtiments, tant à l'entrée qu'à la sortie.

Il sera décidé plus tard, par les Puissances, si, et dans quelles conditions, un contrôle sanitaire devra être exercé sur les bâtiments, dans le cours de la navigation fluviale.

ART. 25. — Les dispositions du présent Acte de navigation demeureront en vigueur en temps de guerre. En conséquence, la navigation de toutes les nations, neutres ou belligérantes, sera libre, en tout temps, pour les usages du commerce sur le Congo, ses embranchements, ses affluents et ses embouchures, ainsi que sur la mer territoriale faisant face aux embouchures de ce fleuve.

Le trafic demeurera également libre, malgré l'état de guerre, sur les routes, chemins de fer, lacs et canaux mentionnés dans les art. 15 et 16.

Il ne sera apporté d'exception à ce principe qu'en ce qui concerne le transport des objets destinés à un belligérant et considérés, en vertu du droit des gens, comme articles de contrebande de guerre.

Tous les ouvrages et établissements créés en exécution du présent Acte, notamment les bureaux de perception et leurs caisses, de même que le personnel attaché d'une manière permanente au service de ces établissements, seront placés sous le régime de la neutralité, et, à ce titre, seront respectés et protégés par les belligérants.

CHAPITRE V
(concerne l'Acte de navigation du Niger.)

CHAPITRE VI
Déclaration relative aux conditions essentielles à remplir pour que des occupations nouvelles sur les côtes du continent africain soient considérées comme effectives.

ART. 34. — La Puissance qui, dorénavant, prendra possession d'un territoire sur les côtes du continent africain situé en dehors de ses possessions actuelles, ou qui, n'en ayant pas eu jusque-là, viendrait à en acquérir, et de même, la Puissance qui y assumera un protectorat, accompagnera l'acte respectif d'une notification adressée aux autres Puissances signataires du présent Acte, afin de les mettre à même de faire valoir, s'il y a lieu, leurs réclamations.

Art. 35. — Les Puissances signataires du présent Acte reconnaissent l'obligation d'assurer, dans les territoires occupés par elles, sur les côtes du continent africain, l'existence d'une autorité suffisante pour faire respecter les droits acquis et, le cas échéant, la liberté du commerce et du transit dans les conditions où elle serait stipulée.

CHAPITRE VII

Dispositions générales.

Art. 36. — Les Puissances signataires du présent Acte général se réservent d'y introduire ultérieurement, et d'un commun accord, les modifications ou améliorations dont l'utilité serait démontrée par l'expérience.

Art. 37. — Les Puissances qui n'auront pas signé le présent Acte général pourront adhérer à ses dispositions par un acte séparé.

L'adhésion de chaque Puissance est notifiée, par la voie diplomatique, au gouvernement de l'Empire d'Allemagne et, par celui-ci, à tous les Etats signataires ou adhérents.

Elle emporte de plein droit l'acceptation de toutes les obligations et l'admission à tous les avantages stipulés par le présent Acte général.

Art. 38. — Le présent Acte général sera ratifié dans un délai qui sera le plus court possible et qui, en aucun cas, ne pourra excéder un an.

Il entrera en vigueur, pour chaque Puissance, à partir de la date où elle l'aura ratifié.

En attendant, les Puissances signataires du présent

Acte général s'obligent à n'adopter aucune mesure qui serait contraire aux dispositions dudit acte.

Chaque Puissance adressera sa ratification au gouvernement de l'Empire d'Allemagne, par les soins de qui il en sera donné avis à toutes les autres Puissances signataires du présent Acte général.

Les ratifications de toutes les Puissances resteront déposées dans les archives du gouvernement de l'Empire d'Allemagne. Lorsque toutes les ratifications auront été produites, il sera dressé acte du dépôt dans un protocole qui sera signé par les représentants de toutes les Puissances ayant pris part à la Conférence de Berlin, et dont une copie certifiée sera adressée à toutes ces Puissances.

En foi de quoi, les plénipotentiaires respectifs ont signé le présent Acte général et y ont apposé leur cachet.

Fait, à Berlin, le vingt-sixième jour du mois de février mil huit cent quatre-vingt-cinq.

(L. S.) Signé :

v. BISMARCK.	H.-S. SANFORD.
BUSCH.	Alph. DE COURCEL.
v. KUSSEROW.	Edward-B. MALET.
SZÉCHENYI.	LAUNAY.
Comte Auguste VAN DER STRATEN PONTHOZ.	F.-P. VAN DER HÆVEN.
	Marquis DE PENAFIEL.
Baron LAMBERMONT.	A. DE SERPA PIMENTEL.
E. VIND.	Comte P. KAPNIST.
Comte DE BENOMAR.	GILLIS BILDT.
John-A. KASSON.	SAÏD.

Les Débuts de l'Etat

(1885-1891)

PAR

René CLAPARÈDE

Plus heureux que les grenouilles de la fable, les Congolais ont reçu de la Providence, sans même le lui avoir demandé, un maître aussi actif que paternel, aussi éclairé que pacifique, auquel ils n'auront à reprocher ni l'inertie du soliveau, ni la voracité de la grue.

G. MOYNIER
(L'Etat Indépendant du Congo au point de vue juridique, Paris 1887)

DEUXIÈME PARTIE

Les Débuts de l'Etat

Chapitre premier

Période économique dite «normale». — Grenfell. — La question arabe. — Premières atteintes à l'Acte de Berlin et à l'« Union personnelle ». — L'Acte de Bruxelles et la Déclaration additionnelle. — La convention belgo-congolaise. — Affermissement de la légende philanthropique.

La période qui s'étend de 1885 à 1891—1892 peut être appelée, au point de vue économique, période normale. Pendant six ans, les noirs apportèrent librement aux factoreries, échelonnées le long du fleuve, les produits de leurs terres en échange des objets d'Europe. Les premiers steamers sillonnaient pacifiquement la grande artère. L'initiative privée pouvait se donner carrière, ainsi qu'en témoigne l'apparition de sociétés libres, telles que la *Compagnie du Congo pour le Commerce et l'Industrie* fondée en 1886 par le capitaine Thys, et la *Société anonyme belge pour le commerce du Haut-Congo* (10 décembre 1888), qui se livrait sur le haut fleuve au commerce de l'ivoire et du caouchouc.

De nombreux voyages de reconnaissances sont effectués, par des Belges, surtout par Van Gèle, par des Allemands, par des Anglais. Des missions de toutes confessions et de toutes nationalités s'établissent d'année en année, et la mission baptiste anglaise donne à l'Etat nouveau l'un de ses plus grands explorateurs, l'illustre missionnaire George Grenfell.

« Stanley, a dit le géographe belge Wauters, a révélé le cours du Congo depuis Nyangwe jusqu'à Boma ; Wissmann a fait la découverte du Kasai ; Wolf celle du Sankuru. C'est à Grenfell que l'on doit la reconnaissance première de la plupart des autres grands tributaires navigables du fleuve. En janvier 1885, il remonta l'Ubangi jusqu'aux rapides de Zongo. Puis en août-octobre de la même année, il explorait le Ruki et le Lulonga, en compagnie du capitaine allemand von François. Enfin, en décembre 1886, ayant pour compagnon de voyage le docteur allemand Mense, il reconnut le cours du Kwango. »

A M. Wauters lui-même revient l'honneur d'avoir émis l'hypothèse que le bas Ubangi de Grenfell n'était que le cours inférieur de l'Uélé de Schweinfurth. Grenfell écrivait à Wauters le 31 octobre 1885 qu'il acceptait avec empressement son hypothèse. Mais il était réservé au capitaine Van Gèle, ayant pour adjoints dans son expédition les lieutenants Georges Le Marinel et Hanolet, d'établir définitivement, à la fin de 1890, la connexion des deux rivières.

La délimitation des frontières rentre aussi dans les tâches primordiales qui s'imposaient au nouvel Etat. Ici encore nous retrouvons Grenfell. En 1891—1892, il accepta la délicate mission de sauvegarder les intérêts de l'Etat du Congo dans la question de la délimitation, sur le terrain, de la frontière congo-portugaise, dans le Lunda. Le gouvernement congolais siégeant à Bruxelles avait en outre à créer, remplir et perfectionner les cadres administratifs en Afrique. Puis l'on s'occupe activement du tracé du chemin de fer des Cataractes, condition *sine qua non* de la mise en valeur du pays sur une grande échelle, comme de tout développement économique ultérieur [1]. Enfin une série de décrets organisait les tribunaux congolais, la force publique, les finances en Afrique, etc.

Si la question arabe n'est pas résolue dans cette période, c'est alors qu'elle est posée et virtuellement tranchée. En 1886, la résidence de Stanley-Falls est attaquée par les hommes de Rachid, neveu du fameux traitant Tippou-Tib. La station était commandée par Deane et Dubois. Elle tombe au pouvoir des Arabes. De ce jour la question arabe est posée pour l'Etat. Trop

---

[1] La fondation de la compagnie du chemin de fer du Congo porte la date du 3 juillet 1889. Cette grande entreprise ne fut achevée qu'en 1898.

faible pour attaquer l'ennemi de front, l'Etat du Congo compose avec lui. Il nomme en 1887 Tippou-Tib vali des Falls, mesure d'une moralité douteuse qui souleva en son temps bien des critiques. L'Etat antiesclavagiste nommant comme chef de l'un de ses districts un célèbre traitant était en effet un spectacle qui ne manquait point de piquant.

Mais l'Etat ne recule ainsi que provisoirement, pour préparer à coup sûr une revanche éclatante. On redouble d'efforts pour créer la force publique. En 1889, l'on avait déjà recruté deux mille cinq cents réguliers.

La question arabe se présentait sous une triple face. Elle signifiait à la fois l'esclavage, l'exclusion de l'Etat des régions frontières et le monopole de l'ivoire aux mains des traitants. A chacune de ces faces de la question va correspondre une tâche pour l'Etat. Il s'agit pour lui de supprimer l'esclavage — il en a pris l'engagement devant l'Europe, — d'assurer ses marches frontières et... ce qu'on ne criait pas sur les toits, d'accaparer le monopole de l'ivoire du centre africain.

L'on court au plus pressé. On établit deux camps retranchés qui devaient empêcher les incursions des Arabes, Basoko au nord et Lusambo au sud, en attendant qu'ils servent de bases, lorsque l'heure propice aurait sonné, aux expéditions vers l'Uélé au nord et vers le Katanga au sud [1]. Un troisième fut établi à Albert-ville, au bord du Tanganyka, par les soins du commandant Jacques, chef de l'expédition envoyée par la société antiesclavagiste de Bruxelles pour apporter sa précieuse assistance à l'Etat Indépendant du Congo. La victoire, avec de telles bases et des armes perfectionnées, était assurée.

Tout cela, on le devine de reste, coûtait fort cher, et le principal bailleur de fonds, en dépit de sa déclaration, claironnée par Stanley aux quatre coins de l'Europe, qu'il affectait au Congo des milliers de livres « sans rien espérer de retour pour une satisfaction de pur sentiment », commençait à trouver le fardeau quelque peu lourd et l'article 4 de l'Acte de Berlin particulièrement fâcheux [2]. Le souverain philanthrope lance alors ses invitations pour la conférence antiesclavagiste de Bruxelles. Toutes les puissances signataires de l'Acte de Berlin accourent. Le roi demande la permission d'établir un tarif léger de droits à l'importation. Son porte-paroles, le baron Lambermont, dans les séances de la conférence de Bruxelles tenues en 1890, donnait la raison de cette supplique. La protection due au commerce, l'établissement de la

---

[1] *La campagne arabe*, par le baron Dhanis. (*Bulletin de la société royale de géographie d'Anvers*, tome XXX). — *Tour du monde*, 1896, I.

[2] Voir ci-dessus, page 55.

justice, l'ouverture de moyens de communications avec l'intérieur, l'organisation des services publics comme auxiliaires des entreprises privées exigeaient des ressources financières qu'il était raisonnable d'obtenir, au moyen d'impôts, de ceux qui tiraient profit du nouvel ordre de choses. Mais l'argument irrésistible, naturellement, était la nécessité de fonds pour alimenter la campagne contre la traite des noirs. L'extension de la mission civilisatrice du nouvel Etat n'exigeait-elle pas des dépenses nouvelles, d'où la légitimité de droits à l'importation pour faire face à ces débours nécessaires?

Une vive opposition se manifesta de la part de la Hollande, qui avait au Congo des intérêts commerciaux fort importants et tenait par suite tout particulièrement à la franchise d'entrée stipulée par l'Acte de Berlin. Elle fut soutenue par les chambres de commerce britanniques et tous les négociants congolais sans distinction de nationalité. L'opposition fut si vive que la *Déclaration* additionnelle à l'Acte de Bruxelles, qui donnait satisfaction au Roi-Souverain du Congo, ne put être signée avant le 2 janvier 1892 [1] En Angleterre, une assemblée où tous les intérêts en cause étaient représentés fut tenue à Londres le 4 novembre 1890 sous la présidence de Sir Robert Rollit pour protester contre l'éta-

---

[1] L'Acte général de la Conférence anti-esclavagiste de Bruxelles avait été signé le 2 juillet 1890.

blissement de droits d'importation et pour dénoncer l'hypocrisie qui attribuait à des motifs philanthropiques les intentions qui avaient guidé dans cette perception l'Etat du Congo. Les orateurs insistèrent sur ce qu'il y avait d'étrange à voir un monarque, qui avait fait des dépenses en proclamant bien haut ses intentions philanthropiques, venir ensuite demander qu'on lui remboursât les sommes ainsi déboursées, tout comme l'eût fait un homme d'affaires ordinaire[1].

C'étaient là des paroles nouvelles, dont la gravité était de nature à éveiller l'attention plus qu'elles ne le firent en réalité. Néanmoins le premier coup de pic était donné à la légende... La date est à retenir : *4 novembre 1890.*

Le lendemain même de la signature de l'Acte de Bruxelles dont la Déclaration additionnelle était un premier accroc à l'Acte de Berlin, le souverain du Congo faisait une brèche au système de l'union personnelle, par lequel, on l'a vu, l'Etat belge et l'Etat du Congo avaient été solennellement désolidarisés. Le 3 juillet 1890, le Roi-Souverain du Congo faisait une convention avec la Belgique. Par ce document, l'Etat belge s'engageait à prêter sans intérêt à l'Etat du Congo 5 millions tout de suite, puis 2 millions par an pendant dix ans, à condition que la Belgique, à l'expiration des dix ans, pût annexer l'Etat du

---

[1] Morel. *Problèmes de l'Ouest africain.*

Congo. Que valaient désormais les déclarations de MM. Beernaert et Bara ? [1] La Belgique, *volens nolens*, était entraînée dans le sillage de l'Etat Indépendant.

La décision des puissances assemblées à Bruxelles, la haute confiance témoignée à l'Etat du Congo par l'Etat belge redonnèrent une virginité philanthropique à l'Etat léopoldien, ce qui n'était point superflu, car s'il avait besoin d'argent, la condition indispensable pour en obtenir était de conserver intact le vernis humanitaire que les paroles de blâme mentionnées plus haut ainsi que de graves rumeurs commençant à se répandre risquaient d'écailler.

Ces triomphes successifs firent tomber dans le vide et les réclamations de la Hollande et les sourdes rumeurs sur le recrutement de la force publique par le fer et par le feu et surtout les graves et cinglantes paroles de sir Albert Rollit, *vox clamans in deserto*. Suprême habileté que d'avoir fait pratiquer la première trouée dans l'Acte de Berlin par les puissances mêmes qui l'avaient signé cinq ans auparavant. Suprême habileté que d'avoir, par la convention belgo-congolaise, su attacher la Belgique au sort du Congo, comme l'esclave au char du triomphateur. L'autocrate sortait de la Conférence de Bruxelles avec de l'or en perspective et de la

---

[1] Voir plus haut, page 48.

considération à revendre. Et la convention versait immédiatement dans sa caisse de l'or belge à profusion. Jamais coup double ne fut mieux joué.

Ainsi muni, comme d'un blanc-seing, d'un nouveau brevet philanthropique, la légende raffermie aux yeux de la foule, dûment pourvu du nerf de la guerre, Boula-Matari[1], nouveau Godefroi de Bouillon, va pousser la campagne arabe, et, nouveau chevalier du glaive, conquérir les marches de son empire[2]. A travers toutes ses besognes, en effet, le jeune Etat ne perdait point de vue l'agrandissement de son territoire, et pour atteindre ce but, l'Etat humanitaire ne reculait pas devant la conquête par la force, là où la simple persuasion ne parvenait pas.

Le récit de la conquête du Katanga est sous ce rapport des plus typiques. Il sert admirablement

---

[1] Désignation indigène de l'Etat du Congo, primitivement le surnom de Stanley, le « briseur de rochers ».

[2] Voici en quels termes le président de la Société de Géographie d'Anvers s'exprimait à la séance du 11 mai 1893 : « Les premiers pas de notre société de géographie furent favorisés d'un événement considérable : la réunion d'un grand congrès au palais de Bruxelles en septembre 1876 où notre Roi, un des géographes les plus éclairés de notre temps, entouré de toutes les sommités de la science de l'Europe, nouveau Godefroi de Bouillon, proclama la croisade contre l'esclavage. » (*Bulletin de la Société royale de géographie d'Anvers*, 1893.)

Dix ans auparavant, M. de Laveleye avait dit : « L'Association africaine, c'est une association de propagande civilisatrice, comme celle de l'*Ordre teutonique*, qui, au moyen âge, est allée porter la civilisation parmi les populations barbares des bords de la Baltique. (*Revue de droit international*, 1883.)

de transition entre la période de préparation soi-
disant « normale » et la période des spoliations
et du travail forcé, puisque l'expédition fut décidée en 1891, l'année même où fut rendu le
décret secret qui bouleversa de fond en comble
le régime de liberté établi par l'Acte de Berlin,
déchirant ainsi la charte solennelle que l'Etat
Indépendant du Congo avait, « au nom de Dieu
tout puissant », promis d'observer à la face du
monde.

Chapitre II

La Conquête du Katanga

Un article très remarquable, dû à la plume
d'un des acteurs mêmes du drame, et publié
dans le *Tour du Monde* de 1893, nous dépeint
comment le Congo libre s'y prenait pour annexer des territoires qui, par leur position ou
leurs richesses, éveillaient l'appétit illimité de
son souverain. Il s'agit de la conquête du Katanga, de cette région si importante à l'ouest
du Tanganyka, contenant des mines de cuivre
inestimables, et formant la ligne de passage du
chemin de fer qui relie le Cap au Caire, donc
objet précieux pour tenir en échec les Anglais
et dompter leur ressentiment humanitaire en
leur cédant au besoin ce droit de passage indispensable.

Pour opérer cette conquête si ardemment
souhaitée, Léopold II forma, selon sa coutume en pareille occurrence, une société *ad
hoc,* dite « du Katanga », qui trouvait moyen
d'engager un Anglais, le capitaine Stairs, compagnon de Stanley dans son dernier voyage,
vieux troupier africain ; un Belge, M. Bodson,
et un marquis français, M. de Bonchamps, qui,
avec un docteur irlandais et un domestique,
formaient le noyau blanc d'une bande de

36o noirs recrutés à Zanzibar, armés en partie d'excellents fusils système Gras. C'est à M. de Bonchamps qu'on doit le récit fort intéressant de la campagne. Cette troupe, en trois compagnies de 120 hommes, munie de deux canots démontables en tôle d'acier, partit de Bagamoyo, sur la côte orientale allemande, en juillet 1891, et avança rapidement pour arriver, après cent jours de marche, sur les bords du lac Tanganyka. Ici, les Pères Blancs fixés à Karéma, ces émissaires anti-esclavagistes de l'évêque Lavigerie, facilitèrent à la petite armée le trajet toujours hasardeux du grand lac, et ce fut sur sa rive opposée qu'on dut se battre, pour la première fois, contre les indigènes dont le flair était plus juste que celui des vénérables Pères à l'égard de la vraie nature de l'expédition congolaise! En cent vingt jours, on avait atteint enfin les frontières du Katanga, où les habitants fuyaient devant cette invasion, car ils étaient trop près du Louapoula où déjà l'exploitation congolaise battait son plein. Le 14 décembre, on était enfin en face de l'enceinte de Bunkeia, camp fortifié de Msiri, roi du Katanga. Ce pauvre roi se débattait déjà depuis un certain temps pour se soustraire aux instances des émissaires du Congo d'accepter le drapeau bleu à l'étoile d'or, et avec cela la protection, — lisez la chicotte, — de son grand souverain; c'est dire que la réputation de ce Msiri auprès des autorités du

Congo était détestable : c'était un tyran cruel et endurci qui méprisait la civilisation qu'on lui avait si généreusement offerte.

Ici commence l'épisode dramatique de l'expédition : il s'agissait d'entrer en pourparlers avec le pauvre chef et de lui faire avaler la pilule coûte que coûte. Le roi consentit à recevoir Stairs après trois jours, selon l'étiquette de ces cours africaines, et tambour battant, drapeau déployé, Stairs prit possession de l'emplacement qu'on lui avait désigné pour campement. On savait que Msiri, harcelé par un prédécesseur de Stairs, M. Paul Le Marinel, avait fini par céder en signant une lettre de soumission, mais qu'il l'avait désavouée plus tard.

Voici le passage explicatif que M. de Bonchamps croit devoir ajouter à propos de ce genre de lettres :

« D'ailleurs, ces lettres de soumission de ces
« petits tyrans africains, auxquels on lit quatre
« longues pages dont, le plus souvent, ils ne
« comprennent pas un mot et qu'ils approuvent
« d'une croix afin d'avoir la paix et des présents,
« ne sont sérieuses que pour les puissances eu-
« ropéennes, en cas de contestations de terri-
« toires. Quant au souverain noir qui les signe,
« il ne s'en inquiète pas un seul instant. »

Au moyen d'un interprète eut lieu l'audience, à laquelle Stairs et Bodson prirent part. Sa mission, expliqua Stairs, était toute pacifique ; il venait offrir au roi de signer un traité d'alliance avec le souverain blanc du Congo qui l'aiderait contre ses ennemis. Le roi se contenta de prendre note de ces ouvertures, et congédia les deux condottieres sans leur offrir quoi que ce soit, pas même un verre d'eau. Il promettait seulement de réfléchir. Mais en vain Stairs retourna-t-il au camp du roi le lendemain, il fut éconduit, et plus tard un secrétaire du roi vint l'informer qu'il ne pouvait traiter avec lui. Toutefois, le roi consentit à laisser partir trois missionnaires anglais (Friends) qui avaient prié Stairs d'obtenir leur congé depuis longtemps attendu. De plus, Msiri pria l'expédition de se retirer à deux journées de marche, à un endroit où le ravitaillement était plus aisé. Mais il importait de couper court et de boucler l'affaire sans délai, car on avait appris que déjà une expédition anglaise se dirigeait vers Bunkeia, et il était indispensable que Msiri eût accepté le pavillon du Congo libre avant qu'elle parût, car cette expédition anglaise ne tarderait pas à profiter du désaccord des Belges avec le roi pour lui offrir le drapeau anglais. D'un autre côté, le retour de l'armée de Msiri, occupée à guerroyer contre des tribus voisines, était imminent. On crut donc devoir brusquer les choses le jour même, 19 décembre. Avec trente hommes armés, Stairs et de Bonchamps entraient chez le roi, qu'ils trouvaient presque seul, lui offraient la protection du roi blanc et le sommaient d'accepter le drapeau bleu. Msiri, pressuré de la sorte, répondit : « Je n'ai pas besoin « d'être protégé, je suis le plus grand roi de « l'Afrique centrale ; on me calomnie en m'ap- « pelant despote. Je règne selon les usages de « mon pays et je sais faire rentrer dans le devoir « ceux qui tentent de se soulever contre moi. » Mais Stairs, dans sa réponse, sut pourtant l'amener à terminer : « j'accepte ton drapeau, va le chercher. » Néanmoins de nouveau le pauvre Africain tâcha de se soustraire aux griffes du hardi Anglais, en ergotant sur la mauvaise foi d'un émissaire précédent, M. Legat, sur la lettre de soumission qu'il déclara fausse, enfin sur la petitesse du drapeau offert, et s'en alla sans écouter les menaces de Stairs de lui imposer de force ce pavillon s'il refusait de l'accepter de bonne grâce.

On passa aux voies de fait. En toute hâte, on hissa le drapeau congolais sur la colline dominant Bunkeia, l'on retint le secrétaire de Msiri en otage, en attendant l'attaque dans le camp fortifié de l'expédition. Mais au lieu d'une attaque, on apprit le lendemain que Msiri avait pris la fuite.

Furieux de voir s'échapper de ses mains un résultat aussi brillant, Stairs dépêcha ses compagnons Bodson et le marquis français à la poursuite du fugitif qu'ils trouvèrent caché dans un village fortifié, un « boma » à enceinte étendue de palissades, très bien choisi pour la défense.

Lorsque quelques hommes de la troupe, qui allèrent demander une entrevue avec Msiri, tardèrent à revenir, Bodson, avec une douzaine d'hommes armés, entra dans l'enceinte pour tenter une dernière démarche auprès du roi poussé à bout; mais bientôt M. de Bonchamps entendit une violente fusillade dans l'enceinte et les indigènes commencèrent à tirer aussi sur lui. Entrant précipitamment, le Français se vit enveloppé dans un violent combat et trouva le vaste enclos du boma jonché de cadavres, parmi lesquels Bodson mourant, Msiri et un de ses fils morts. Bodson n'eut que le temps de raconter qu'il avait voulu emmener Msiri au camp pour palabrer avec Stairs, mais que le noir faisant mine de le frapper avec son sabre, lui Bodson l'avait tué de trois coups de revolver, après quoi la bataille générale s'était engagée. Après la fuite des gens de Msiri devant les «excellents Gras» de la troupe, celle-ci se livra à un pillage effréné.

Après l'enterrement de Bodson, on dut se retrancher en un endroit propre à soutenir l'attaque de l'armée de Msiri, qui pouvait arriver à chaque instant, et l'on envoya de tous côtés des courriers pour annoncer aux gens que « nous « voulions la paix et que leur cruel souverain « étant supprimé, il n'y aurait plus maintenant « *ni razzias, ni esclaves, ni dévastations.* » Promesse sincère sans doute au moment où elle a été proclamée, mais devenue cruellement hypocrite dans la suite, lorsque les razzias et l'esclavage ont été pratiqués par l'Etat sur une échelle inconnue sous les auspices du pauvre roitelet noir Msiri. Après ce carnage, le fils survivant de Msiri, amplement convaincu du droit du souverain blanc sur le territoire de ses ancêtres, arriva pour faire sa soumission. « Nous le nommâmes sultan et il nous jura fidélité. »

Avec une ardeur digne d'une meilleure cause et d'un meilleur maître, les blancs, malgré la famine qui décimait leur escouade, construisirent un fortin en règle avec fossés et terrassements ; la « pacification du pays s'accomplissait », et après l'arrivée d'un officier du Congo qui ravitaillait la troupe mourant de faim, l'expédition, malade en grande partie, se dirigea vers la côte par la route la plus sûre, par le Nyassa et le Zambèze. Sur les bords de ce fleuve, à Vicente, le chef Stairs expira exténué de fatigues, le 8 juin 1892.

Des 400 engagés pour cette conquête, 189 seulement atteignirent la côte ; 210 y ont laissé leur vie avec les deux Européens dont on ne peut que plaindre le sort à tous égards. Personne ne nous indique le nombre des sujets de Msiri immolés dans cette campagne.

Il ne reste qu'à relater l'accueil ménagé à M. de Bonchamps par les autorités du Congo à Bruxelles. M. René de Pont-Jest, qui a décrit, d'après les notes de cet infortuné, cette terrible

épopée pour le *Tour du Monde*, nous dit : « qu'il
« y a bien vu les administrateurs de la Société
« du Katanga ainsi que les hauts fonctionnaires
« du Congo, à qui il a rendu compte de la mis-
« sion dont les événements l'avaient fait le chef
« *in extremis* et *prédit le soulèvement actuel*
« (1893) *des indigènes contre les Européens*, mais
« depuis il n'a entendu parler de rien ni de per-
« sonne. On lui a promis et même décerné une
« médaille d'honneur, mais il ne l'a pas reçue
« encore, si bien que le souvenir seul de tant
« d'épreuves lui restera de son héroïque expé-
« dition. Son regret est de n'avoir pas souffert
« ainsi pour la France. »

N'est-il pas instructif de savoir en détail comment cet État du Congo a su élargir ses frontières ?
Violence sanglante envers les noirs, ingratitude
noire envers ses propres héros blancs sont en
parfaite harmonie !

La force publique est créée, on l'a essayée, elle
a fait ses preuves ; c'est le dernier rouage — le
plus important — de la machine construite en
six ans avec tant de soin. Il nous reste à la voir
fonctionner.

Acte général
de la Conférence anti-esclavagiste

réunie à Bruxelles du 18 novembre 1889 au 2 juillet 1890 pour amener la suppression de la traite des esclaves.

L'Acte signé à Bruxelles le 2 juillet 1890 est précédé des mots : « Au nom de Dieu Tout-Puissant. » Nous en donnons ici le chapitre VI et la Déclaration additionnelle.

Mesures restrictives du trafic des spiritueux

Art. 90. — Justement préoccupés des conséquences morales et matérielles qu'entraîne pour les populations indigènes l'abus des spiritueux, les Puissances signataires sont convenues d'appliquer les dispositions des articles 91, 92 et 93 dans une zone délimitée par le 20ᵉ degré latitude nord et par le 22ᵉ degré latitude sud, et aboutissant vers l'ouest à l'océan Atlantique et vers l'est à l'océan Indien et à ses dépendances, y compris les îles adjacentes au littoral jusqu'à cent milles marins de la côte.

Art. 91. — Dans les régions de cette zone où il sera constaté que, soit à raison des croyances religieuses, soit pour d'autres motifs, l'usage des boissons distillées n'existe pas ou ne s'est pas développé, les Puissances en prohiberont l'entrée. La fabrication des boissons distillées y sera également interdite.

Chaque Puissance déterminera les limites de la zone de prohibition des boissons alcooliques dans ses possessions ou protectorats, et sera tenue d'en notifier le tracé aux autres Puissances dans un délai de six mois.

Il ne pourra être dérogé à la susdite prohibition que pour des quantités limitées, destinées à la consommation des populations non indigènes et introduites sous le régime et dans les conditions déterminées par chaque Gouvernement.

Art. 92. — Les Puissances ayant des possessions ou exerçant des protectorats dans les régions de la zone qui ne sont pas placées sous le régime de la prohibition et où les spiritueux sont actuellement importés librement ou soumis à un droit d'importation inférieur à 15 francs par hectolitre à 50° centigrades, s'engagent à établir sur ces spiritueux un droit d'entrée qui sera de 15 francs par hectolitre à 50° centigrades, pendant les trois années qui suivront la mise en vigueur du présent Acte général. A l'expiration de cette période, le droit pourra être porté à 25 francs pendant une nouvelle période de trois années. Il sera, à la fin de la sixième année, soumis à révision, en prenant pour base une étude comparative des résultats produits par ces tarifications, à l'effet d'arrêter alors, si faire se peut, une taxe minima dans toute l'étendue de la zone où n'existerait pas le régime de la prohibition visé à l'article 91.

Les Puissances conservent le droit de maintenir et d'élever les taxes au delà du minimum fixé par le présent article dans les régions où elles le possèdent actuellement.

Art. 93. — Les boissons distillées qui seraient fabriquées dans les régions visées à l'article 92 et destinées à être livrées à la consommation intérieure, seront grevées d'un droit d'accise.

Ce droit d'accise, dont les Puissances s'engagent

à assurer la perception dans la limite du possible, ne sera pas inférieur au minimum des droits d'entrée fixé par l'article 92.

ART. 94. — Les Puissances signataires qui ont en Afrique des possessions en contact avec la zone spécifiée à l'article 90 s'engagent à prendre les mesures nécessaires pour empêcher l'introduction des spiritueux, par leurs frontières intérieures, dans les territoires de ladite zone.

ART. 95. — Les Puissances se communiqueront, par l'entremise du Bureau de Bruxelles, dans les conditions indiquées au chapitre V, les renseignements relatifs au trafic des spiritueux dans leurs territoires respectifs. [1]

Déclaration

Les Puissances réunies en Conférence à Bruxelles, qui ont ratifié l'Acte général de Berlin du 26 février 1885 ou qui y ont adhéré,

Après avoir arrêté et signé de concert, dans l'Acte général de ce jour, un ensemble de mesures destinées à mettre un terme à la traite des nègres sur terre comme sur mer et à améliorer les conditions morales et matérielles d'existence des populations indigènes,

Considérant que l'exécution des dispositions qu'elles ont prises dans ce but impose à certaines d'entre elles, qui ont des possessions ou exercent des protectorats dans le Bassin conventionnel du Congo, des obligations qui exigent impérieusement, pour y faire face, des ressources nouvelles.

---

[1] Les plénipotentiaires de l'Etat Indépendant du Congo qui signèrent l'Acte de Bruxelles étaient MM. Van Eetvelde et Auguste van Maldeghem.

Sont convenues de faire la Déclaration suivante :

Les Puissances signataires ou adhérentes qui ont des possessions ou exercent des protectorats dans ledit Bassin conventionnel du Congo pourront, pour autant qu'une autorisation leur soit nécessaire à cette fin, y établir sur les marchandises importées des droits dont le tarif ne pourra dépasser un taux équivalent à 10 $^0/_0$ de la valeur au port d'importation, à l'exception toutefois des spiritueux, qui sont régis par les dispositions du chapitre VI de l'Acte général de ce jour.

Après la signature dudit Acte général, une négociation sera ouverte entre les Puissances qui ont ratifié l'Acte général de Berlin ou qui y ont adhéré, à l'effet d'arrêter dans la limite maxima de 10 $^0/_0$ de la valeur, les conditions du régime douanier à instituer dans le Bassin conventionnel du Congo.

Il reste néanmoins entendu :

1. Qu'aucun traitement différentiel ni droit de transit ne pourront être établis ;

2. Que, dans l'application du régime douanier qui sera convenu, chaque Puissance s'attachera à simplifier, autant que possible, les formalités et à faciliter les opérations du commerce ;

3. Que l'arrangement à résulter de la négociation prévue restera en vigueur pendant quinze ans à partir de la signature de la présente Déclaration.

A l'expiration de ce terme et à défaut d'un nouvel accord, les Puissances contractantes se retrouveront dans les conditions prévues par l'article 4 de l'Acte général de Berlin, la faculté d'imposer à un maximum de 10 $^0/_0$ les marchandises importées dans le Bassin conventionnel du Congo leur restant acquise.

Le Système actuel

PAR

le Dʳ H. CHRIST-SOCIN

De la liberté commerciale, je ne parlerais même pas, si à la liberté commerciale n'était liée la liberté, la vie même des indigènes.

Pierre MILLE
(L'enfer du Congo léopoldien, 1906).

TROISIÈME PARTIE

Le présent ou le système actuel

Introduction

C'est à la fois un inquiétant mystère et une profonde humiliation pour l'humanité, en un temps où le christianisme et la civilisation chrétienne achèvent leur glorieuse carrière, que de voir une fois encore, dans le Congo africain, s'amasser toutes les horreurs d'un passé impie, et d'y constater à quel degré de dépravation peut descendre un gouvernement uniquement inspiré par l'appât du gain, quelles iniquités on peut commettre au nom de la civilisation. Voici que, par suite de circonstances trop longtemps ignorées, une contrée aussi vaste que l'Europe — moins la Russie, la plus fertile du monde grâce à son réseau fluvial, peuplée d'environ quinze millions d'hommes, est tombée dans une misère qu'il n'est plus permis d'ignorer et dont n'autorisent à se désintéresser ni la distance ni une sécurité égoïste.

Nul n'ignore que, pendant des siècles, la malheureuse Afrique a exporté d'innombrables troupeaux d'esclaves dans toutes les colonies du monde. Nul n'ignore au prix de quels efforts l'Angleterre a aboli l'esclavage dans ses possessions coloniales et quelles luttes l'Amérique du Nord a eu à soutenir pour se délivrer de ce fléau.

Cependant, qui aurait pu prévoir que le roi d'un des Etats les plus cultivés de l'Europe fonderait au cœur de l'Afrique, à la dérobée et comme par dérision, un soi-disant Etat libre du Congo, où l'on ne se bornerait pas à rétablir l'esclavage, mais où se commettraient encore de pires abominations? Ce roi, c'est Léopold II, souverain de l'Etat libre du Congo et qui se trouve être en même temps roi des Belges.

Autrefois il y avait encore dans l'esclavage quelque chose de pour ainsi dire patriarcal ; un maître d'esclaves avait tout intérêt à les bien traiter, afin de pouvoir plus longtemps profiter de leurs services : on ne saurait contester ce caractère à la « Domestical Institution » des Etats méridionaux de l'Amérique du Nord.

Mais au Congo un seul souci domine tout : livrer le plus rapidement possible les plus grandes quantités possibles de ce caoutchouc sur lequel repose toute notre industrie électrique. Là, toutes les formes de l'humanité, même les simples ménagements qu'on observe envers les animaux, sont considérés comme des faiblesses à l'égard des indigènes, on dirait presque inconnus. Là, ce sont les travaux forcés jusqu'au complet épuisement; c'est une tyrannie basée sur le meurtre et les mauvais traitements ; c'est un gaspillage scandaleux ; ce sont les atrocités d'employés inexorables — qui s'intitulent fonctionnaires d'un Etat libre ! — à l'égard des nègres impuissants. Et ce ne sont point là les effets intermittents du hasard ou d'une sorte d'inconscience ; non, ce sont bien plutôt les résultats d'une réglementation systématique, bien moderne, aux ordonnances sévères, aux paragraphes inexorables ; bref, une calamité qui n'a ni fin ni trêve et qui menace de détruire peu à peu, après les avoir accablés de souffrances, des millions d'êtres humains ! — Telle est depuis quinze ans la situation au Congo : le Moloch moderne y engloutit de véritables hécatombes ; et ce sont des Européens, parvenus au plus haut période de la civilisation et de la culture, ce sont des ressortissants des Etats les plus divers qui se rendent coupables de ce crime de lèse-humanité.

Pouvons-nous, en pareil cas, renier la solidarité où nous oblige notre double titre d'hommes et de chrétiens ? Et si nous ne pouvons tout faire, devons-nous ne rien faire dans une si grave conjoncture ? Bien plus grave, en vérité, que les massacres d'Arménie, que les multiples intérêts pour lesquels nous gaspillons nos forces.

Mais que pouvons-nous faire ? Nous voyons bien qu'en Angleterre, en France, en Amérique, l'opinion publique s'émeut au sujet du Congo ; mais nous autres modestes continentaux, sans

puissance coloniale, sans influence directe?...
Et pourtant nous pouvons faire beaucoup, si nous
voulons.

Bien que les Suisses ne soient qu'un petit
peuple, leur voix n'est point méprisée dans le
Conseil des nations, et tout comme ils ont pris
l'initiative de la Croix-Rouge et organisé les
secours sur les champs de bataille, de même nous
pouvons et nous devons protester hautement
contre l'épouvantable état de choses qui règne
au Congo. Il nous faut d'abord déclarer de quel
parti nous sommes. Depuis longtemps déjà, les
missions catholiques et protestantes qui travaillent au Congo ont élevé la voix contre
cet exécrable gouvernement ; déjà le livre de
Morel intitulé *le Caoutchouc sanglant (Red
rubber)* a lancé en Angleterre une formidable
accusation contre les maîtres du Congo, et voici
justement le moment critique où il s'agit de
savoir dans quel esprit le peuple belge, qui vient
de recevoir des mains de Léopold l'héritage du
Congo, entend administrer cette vaste contrée
arrosée de sang et de larmes.

Pour encourager toutes les bonnes volontés,
et, en particulier, pour montrer à la Belgique,
dont la neutralité crée entre elle et nous un lien
de sympathie, ce que le monde pense des conditions de son nouveau royaume africain, il s'est
fondé, pour la défense des indigènes dans le
bassin conventionnel du Congo, une ligue inter-

nationale, dont le siège est à Paris et qui comprend un grand nombre de philanthropes éminents de tous les pays. Le but principal de cette association est d'éclairer l'opinion publique sur la situation des indigènes du Congo et d'incliner les gouvernements à l'observation de l'Acte de Berlin du 26 février 1885, par lequel le gouvernement du Congo s'est engagé à avoir des égards pour sa population, et avec lequel l'état de choses actuel est en flagrante contradiction.

Là-dessus il importe de savoir que le gouvernement du Congo entretient un bureau de presse spécialement chargé de démentir habilement et impudemment, en les représentant comme tendancieuses, toutes les informations défavorables concernant l'Etat libre, et, d'autre part, de glorifier toutes les prouesses des civilisateurs blancs. C'est en grande partie à l'activité de ce bureau qu'il faut attribuer la rareté des nouvelles concernant le Congo. Avec un peu de l'or produit par le caoutchouc congolais, on a facilement raison de la presse. D'autre part, pour rétablir la vérité et protéger les indigènes, la ligue dont il vient d'être question recourra aux offices de la presse, qui n'est pas partout aussi vénale qu'on se l'imagine dans le monde spécial des maîtres d'esclaves de Bruxelles et du Congo.

Une section suisse de cette ligue s'est fondée à Genève, sous la présidence de M. René Claparède. Pour prouver l'intérêt personnel qu'elle prend à la question, elle a fixé une contribution annuelle minimum de fr. 2, moyennant quoi chaque membre reçoit toutes les publications éditées par les soins de la ligue. Pour acquérir la qualité de membre, il suffit d'en exprimer le désir à M. Henri Fatio, 12, rue Petitot, à Genève.

Nous nous persuadons que nos concitoyens et tous ceux qui ont le souci de la liberté ne sauraient se désintéresser de cette question, une des plus importantes et des plus urgentes parmi toutes celles dont dépend le sort de l'humanité.

La question des indigènes

Si, dans les pages qui vont suivre, la ligue suisse entreprend, en se basant sur les documents jusqu'ici publiés sur le Congo, de renseigner le public sur l'histoire et l'état actuel du plus malheureux de tous les peuples, elle le fait uniquement dans l'intention d'émouvoir le plus de cœurs, de toucher le plus de consciences possible, et de gagner leur sympathie à cette grande cause.

Nous ne savons que trop que nous manquons de tous les moyens matériels de lutter contre le mal, et que nous ne pouvons fonder notre espoir que sur l'opinion publique et sur le désir de tous de faire le bien sous le regard de Dieu. Nous ne voudrions pas que notre intervention rendît plus difficile à la Belgique la tâche qui résulte pour elle de l'acquisition du Congo, mais nous désirons au contraire l'y aider. Nous estimons que le plus grand service que nous puissions lui rendre, c'est de lui parler en toute sincérité, dans cette période même des débuts, où il importe surtout qu'elle suive une sage politique. Les ministres du roi Léopold lui ont promis monts et merveilles. Or, il faut que la Belgique sache bien que la grande question, celle qui prédomine toutes les autres, n'est ni la politique, ni l'exploitation du pays, ni la rivalité des puissances, ni le commerce et les finances, mais *la question des indigènes.* Le monde chrétien attend de la Belgique la solution de ce problème; il attend que la Belgique conduise l'Afrique vers la liberté et la civilisation, qu'elle y sème et qu'elle y récolte des bénédictions. Ce n'est pas pour accuser que nous écrivons, c'est pour adresser aux Belges cette prière : « Cette heure est grave, elle fera date dans votre histoire; l'honneur de l'humanité est entre vos mains ; nous comptons sur vous pour le sauver. »

Depuis vingt ans, les nations extra-européennes marchent à pas de géants vers un but que nous ignorons encore. Il ne dépend pas de nous, quand même nous le voudrions, d'arrêter leur développement, de réprimer leurs élans, de faire remonter vers leurs sources les courants mystérieux qui les entraînent. Nous en avons fait l'expérience, et parfois à nos dépens, dans nos rapports avec le Japon, la Chine, les Indes et les peuples de l'Islam. Quant à l'Afrique, nous nous plaisions à croire qu'elle continuait à sommeiller comme dans une demi-inconscience, et qu'elle supporterait patiemment, longtemps encore, les expériences que nous faisions sur elle, *in animâ vili.*

Or, il n'en est plus ainsi. L'Afrique aussi s'est réveillée et a pris conscience d'elle-même. Ç'a été d'abord le sud, où les peuplades à peau brune, profondément pénétrées par l'influence chrétienne, se réunissent sous la bannière éthiopienne. Leur mot d'ordre est : « l'Afrique aux Africains. » Ce mouvement s'est déjà propagé jusqu'à la Côte d'Or. Il s'étendra, plus vite qu'on ne le croit, jusqu'au Congo. Or, si jamais, dans cet immense empire de la race noire, le nègre épris de civilisation et le blanc civilisateur unissaient leurs efforts dans une sympathie réciproque, quel gain pour l'humanité ! Que la Belgique s'applique à faire oublier au Congo le régime sanguinaire qu'elle lui impose depuis quinze ans ! Il y va de son propre intérêt et de celui de l'humanité tout entière.

Un autre puissant mouvement est en train de se produire chez nous. L'estimation du travail matériel a subi une complète métamorphose. Le travail manuel, autrefois réservé aux ilotes, est aujourd'hui réhabilité. La classe ouvrière, dont le travail ennoblit la matière en lui donnant une valeur, a acquis parmi nous une situation que ne saurait lui contester tout homme clairvoyant, et que chacun, bon gré mal gré, doit respecter ; sa forte organisation lui permet déjà de faire triompher sa conception spéciale de la liberté.

Pourquoi donc, en Afrique, la situation du travailleur serait-elle encore — ou, pour mieux dire, de nouveau — toute différente de ce qu'elle est chez nous ? Pourquoi se verrait-il refuser les libertés qui sont tout naturellement accordées au blanc ? La couleur de la peau, le degré de l'instruction, les caractères physiques ou psychiques ont-ils le moins du monde affaire avec les droits de l'humanité ? Ce qui en est un pour le blanc n'en doit-il pas être un aussi pour l'homme de couleur ? Le travail du nègre est-il donc le seul qui ne mérite pas de rétribution à sa juste valeur ? Et ces travailleurs à qui nous devons la base même de notre industrie électrique, devons-nous ne les payer que de coups de bâton ? Si le nègre n'est pas civilisé, instruisez-le et guidez-le ; il en vaut la peine. Mais lui refuser les droits dont jouit tout homme, même le plus médiocre des blancs, c'est un crime devant Dieu et devant l'humanité, un crime qui, sans doute, pendant un temps, remplit les caisses, une faute, en tout cas, dont l'expiation est certaine, car les esclaves d'aujourd'hui seront certainement les maîtres de demain.

Une considération encore. Partout, on commence à apprécier les indigènes comme la vraie richesse de toute colonie, dont dépend son avenir. Non s'en servir comme bêtes de somme, mais les développer, les instruire : voilà la tâche essentielle de la métropole, tâche aussi noble que profitable, d'autant plus qu'en Afrique les blancs sont incapables de labourer la terre.

Est-ce que le Congo continuera d'avilir et de décimer ses tribus en leur accordant, pour toute éducation, celle du fouet ?

Le début.

Comment l'esclavage a-t-il pu, de nos jours, prendre au Congo une si effrayante extension ? Comment a-t-on pu, au vingtième siècle, mépriser à ce point les droits de toute une population indigène, qu'il faut s'en aller au Mexique, au Pérou, aux Antilles, et reculer jusqu'aux conquistadors espagnols, à un Cortez, à un Pizarre, pour trouver rien de semblable ?

Dans l'ouvrage que nous avons cité plus haut (*Le Caoutchouc sanglant — Red rubber —* 3ᵐᵉ édition, 1907), E. D. Morel raconte cette triste histoire, en se basant sur d'authentiques documents. Nous allons la résumer en quelques traits.

Notre confrère M. René Claparède a su mettre

à nu les fils diplomatiques qui ont servi au Roi
Léopold à mener à bien son entreprise. Nous
nous contentons de quelques mots d'orienta-
tion.

Après que les Portugais se furent établis au
sud et les Français au nord de l'embouchure du
Congo, le bassin de ce fleuve, le plus vaste de
l'Afrique, demeura longtemps sans être occupé
par aucune autre puissance coloniale. Ce territoire, le plus riche de l'intérieur de l'Afrique,
ne commença de nous être connu que grâce à
David Livingstone, le plus grand des explorateurs
africains, parce qu'il en était le plus patient et
le plus humain. Chaque fois qu'il touchait aux
frontières d'une nouvelle tribu ou d'un nouveau
village, il avait pour principe d'attendre, sans se
lasser, que les habitants se fussent bien convaincus que ce n'était pas un brigand, mais un
ami qui s'approchait d'eux. Ce noble pionnier
de la civilisation, mort en avril 1873 à Ilala, dans
l'Afrique centrale, et dont les ossements furent
transportés par Susi et Chuma, ses frères noirs,
jusqu'au bord de la mer, afin qu'ils pussent
reposer à Londres dans l'Abbaye de Westminster,
que dirait-il, cet apôtre de la paix, s'il voyait,
ensanglantée, la route jadis ouverte par sa noble
initiative ?

Après la disparition de Livingstone dans les
profondeurs du continent noir, Stanley, reporter
du *New-York Herald*, poussa jusqu'à sa hutte

solitaire du Lualaba, et dès lors cet explorateur, hardi avant-coureur des Dhanis et autres conquérants, joue le premier rôle dans l'histoire du Congo.

A peine Stanley était-il de retour de ses explorations ultérieures (1879 — 1884), entreprises pour le roi Léopold, que ce souverain prodigieusement actif résolut de tirer parti de ce territoire encore « libre ». Le but déclaré de son entreprise était la protection des possessions (Estates) déjà acquises et à acquérir, d'après les lois des nations civilisées et les principes de la philanthropie, et au moyen de relations commerciales absolument libres.

En même temps (26 février 1885), était signé à Berlin un acte international, destiné à mettre un peu d'ordre dans ce partage de l'Afrique, où se portaient tant de mains fiévreuses. Le domaine soumis à ces stipulations était un vaste territoire qui, outre l'Etat Indépendant du Congo, comme devait le baptiser plus tard le roi Léopold, comprenait de grandes possessions, propriétés des autres puissances coloniales. Ce domaine a été désigné dans la suite sous le nom de « Bassin conventionnel du Congo ». Avant toute autre chose, cette convention — à laquelle le roi des Belges fut naturellement un des premiers à participer — prévoyait une sollicitude spéciale pour le bien-être matériel et moral des indigènes : preuve en soit l'article 6, ainsi rédigé :

« Toutes les puissances exerçant des droits de
« souveraineté ou une influence dans les dits
« territoires s'engagent à veiller à la conservation
« des populations indigènes et à l'amélioration
« de leurs conditions morales et matérielles
« d'existence, et à concourir à la suppression
« de l'esclavage. Elles protégeront et favorise-
« ront... toutes les institutions et entreprises...
« tendant à instruire les indigènes et à leur
« faire comprendre et apprécier les bienfaits de
« la civilisation. »

L'article 5 assurait l'absolue liberté du commerce et l'interdiction de tout monopole.

Dès lors, fort de cette reconnaissance internationale de sa situation au Congo, Léopold se
met à l'œuvre avec un beau zèle. De nombreuses
sociétés sont fondées pour l'exploitation de cette
mine d'or si prometteuse, et de ces sociétés Sa
Majesté est toujours le principal actionnaire. On
crée une armée coloniale noire, commandée par
des officiers blancs de tous pays. On entreprend de nombreuses expéditions guerrières
jusqu'au Nil supérieur, jusqu'aux grands lacs de
l'Afrique orientale, jusqu'au Ruwenzori aux
neiges éternelles. On s'inspire de la maxime :
« De gré ou de force » pour enrôler les chefs de
tribus sous la bannière du Congo. Et c'est ainsi
que Léopold établit sa souveraineté au cœur de
l'Afrique.

I

La machine administrative

Pendant les cinq premières années de son existence, on fait au Congo du commerce libre avec les indigènes, selon la constante pratique des colonies.

La transition brusque de la liberté à l'esclavage est exposée magistralement par A. J. Wauters dans son « Etat indépendant du Congo ». C'est en même temps une des rares indications des décrets secrets qui ont ordonné cette transition. La page de Wauters (402), dans sa sobriété incisive, en dit long, et il faut en donner ici le contenu essentiel. Jusqu'à ce moment, l'on tenait à sauvegarder le principe de la liberté commerciale ; l'on affirmait même nettement cette intention en inscrivant ces mots en tête d'un décret du 9 juillet 1890 : « Considérant qu'il y a lieu de régler la récolte de l'ivoire dans l'Etat de manière à favoriser la libre concurrence ». Seulement, ces dispositions se modifièrent, et l'Etat ne tarda pas à inaugurer une politique économique diamétralement opposée à celle qui avait prévalu jusqu'alors. Ce changement fut marqué par le décret du 21 septembre 1901, non inséré au *Bulletin officiel*, et qui ordonnait aux commissaires du district de l'Aruwimi-Uélé et de l'Ubangi-Uélé, ainsi qu'aux chefs de l'expédition du Haut-Ubangi :

« de prendre les mesures urgentes et nécessaires pour conserver à la disposition de l'Etat les fruits domaniaux, notamment l'ivoire et le caoutchouc». Pour donner suite à ce décret, les commissaires de district et autres autorités ne tardaient pas à lancer des circulaires à leurs subordonnés, dont nous citons celle du commandant du Haut-Ubangi (Yakoma, 18 février 1902) qui interdit aux indigènes de distraire à leur profit et de vendre quelque partie que ce soit de l'ivoire et du caoutchouc, fruit du domaine de l'Etat, en ajoutant encore ceci :

« Les commerçants qui achèteraient aux indigènes ces produits, dont l'Etat n'autorise la récolte qu'à condition qu'on lui en apporte les fruits, se rendraient coupables de recel et seraient dénoncés aux autorités judiciaires. »

Wauters donne alors l'histoire de la lutte du monde commercial de tous les pays, et en premier lieu de la Belgique, contre cette expropriation sommaire de l'Afrique centrale, lutte qui, on le sait, a fini par la défaite complète du monde commercial et de la diplomatie des puissances.

En 1891, donc, on aborde franchement l'exploitation systématique du pays et de ses habitants en vue de s'approprier tous les produits d'une valeur quelconque, en particulier l'ivoire et ce caoutchouc si précieux et si ardemment convoité, condition *sine quâ non* de l'industrie électrique, de l'automobilisme et, par conséquent, de toute la civilisation moderne.

Devenue entre les mains de Léopold un monopole exclusif pour l'Afrique centrale, l'exploitation du caoutchouc devait produire des millions, et elle en a produit plus qu'aucune autre, plus même que, jadis, celle de l'ivoire noir.

Pour absorber une pareille somme de richesses naturelles, il fallait un appareil formidable, que l'on vit bientôt se construire, à la ressemblance caricaturale des Etats proprement dits, qui, fussent-ils les plus arriérés du monde, sont organisés pour l'utilité des peuples vivant en deçà de leurs frontières, tandis que l'Etat du Congo, territoire et population, n'existe que pour livrer ses produits à un souverain habitant à trois mille lieues.

L'organisation qui sert à l'accomplissement de cette tâche a quelque chose de grandiose : une flotte de plus de cent bateaux à vapeur assure aujourd'hui le commerce fluvial ; des chemins de fer pénètrent déjà jusque dans le haut pays et réuniront bientôt l'océan à la vallée du Nil ; un réseau télégraphique et téléphonique s'étend sur tout le pays ; les automobiles parcourent des centaines de kilomètres ; les mines de cuivre du Katanga, les plus riches du monde, sont exploitées par les machines les plus perfectionnées, et Boma, la capitale, n'ignore aucun des progrès de la civilisation.

Un état-major de hauts fonctionnaires, sous
les ordres du gouverneur général, dirige toute
l'entreprise suivant les indications et les ordres
du cabinet de Léopold. Des subalternes de
race blanche et des employés de toute sorte
et de toute provenance, depuis l'universitaire
gradé jusqu'au « sergent » et au palefrenier, servent d'exécuteurs. Une soldatesque noire, re-
crutée, de gré ou de force, parmi les peuplades
sauvages, parfois même anthropophages, du
haut pays, accomplit la besogne essentielle, dont
seule leur impudence éhontée est capable : elle
exécute les « hautes-œuvres », — ou les « basses-
œuvres », si vous aimez mieux ; armée de fusils
Albini à tir rapide, elle donne la chasse à la
population, aux milliers d'hommes, de femmes
et d'enfants qui se dérobent aux travaux forcés ;
à chaque révolte, elle dévaste les villages, elle en
massacre les habitants ou les refoule vers la
forêt vierge, où ils finissent par mourir de
faim ; elle enlève les femmes ; à l'occasion, elle
dévore les cadavres ; en un mot, elle entretient
le régime de terreur qui depuis quinze ans pèse
sur le Congo et y rend l'esclavage possible. C'est
pour la forme seulement que se distinguent de
cette troupe les inspecteurs et les surveillants,
qu'on a désignés par l'euphémisme officiel de
« gardes-forestiers », lorsque le nom de « sentinelles », qu'on leur donnait d'abord, eut soulevé
la réprobation de l'Europe. Ils se tiennent en

permanence dans les villages, où ils sont chargés d'accélérer par tous les moyens la récolte du caoutchouc. Ils sont aussi munis d'armes à feu, et il serait aussi inutile qu'écœurant d'entrer dans le détail de leurs fonctions et de leurs actes ; qu'ils augmentent le plus possible la livraison du caoutchouc, c'est tout ce qu'on leur demande. Ils constituent les éléments les plus précieux de toute la hiérarchie du Congo, et on ne se résout à les punir que lorsque les atrocités qu'ils commettent sont, par maladresse, portées à la connaissance du public et provoquent un mécontentement passager dans le sein d'une commission de gros bonnets européens.

Toujours et partout, et surtout dans le continent noir, les excès sont inévitables, et il serait injuste de condamner un régime colonial sur des cas isolés, fussent-ils même en grand nombre. Aussi faut-il se garder de prétendre que, dans les colonies africaines des autres puissances, il ne coule ni sang ni larmes. Quiconque connaît l'histoire du Congo français et du Cameroun allemand sait à quoi s'en tenir là-dessus.

II

Le système.

Mais tout autre est le cas du royaume africain de Léopold II. On n'y découvre qu'un but, l'exploitation, non la prospérité. Les prétentions du souverain s'étendent à la fois sur le territoire et la population, sur les trésors de la nature et sur le labeur de l'homme. L'Etat du Congo n'est pas autre chose que le domaine privé de son fondateur, qui revendique comme sa propriété la puissance de travail de ses sujets, de même qu'il accapare le sol, les produits de la forêt et de la culture. Or, comme, au Congo ainsi qu'ailleurs, on ne se soumet de gaîté de cœur aux travaux forcés à perpétuité, il s'ensuit que le souverain doit user de moyens coercitifs. Et qui doute que, dans cette Afrique encore si barbare, le fouet et les armes à feu soient les moyens coercitifs les plus efficaces ? Et qui pourrait s'étonner qu'on emploie à cette besogne les plus féroces des anthropophages, que ne gêne aucun préjugé sentimental ? Dans un gouvernement ainsi orienté, les pires excès font naturellement partie du système politique.

Mieux que nous ne saurions le faire, Sydney Olivier, dans son livre *Capital blanc et travail noir* (1907), a caractérisé le système économique de l'Etat du Congo.

« Ce système est tout ce qu'il y a de plus « simple. C'est pour ainsi dire l'ancien esclavage « à rebours. Jadis les Européens transportaient « les Africains chez eux et les y faisaient travailler « pour enrichir leurs propriétaires. Le perfec- « tionnement des armes de précision et les

« progrès de la civilisation permettent aujourd'hui
« aux blancs de pénétrer eux-mêmes en Afrique,
« sans s'exposer aux dangers de la colonisation
« et sans revêtir l'odieux caractère des maîtres
« d'esclaves proprement dits. Et c'est dans leur
« pays d'origine qu'ils forcent les indigènes à
« extraire du sol les richesses qu'ils convoitent.
« Ce procédé, dont l'Etat libre du Congo offre
« un remarquable exemple, montre de la façon
« la plus étrangement typique, les effets de la
« capitalisation à outrance sous sa forme la plus
« simple. »

C'est dans ce système qu'il faut chercher
l'origine du mal, de cette plaie béante au flanc
de l'humanité. Cette plaie, il faut à tout prix la
cicatriser ; sinon, le développement de l'Afrique
en sera éternellement compromis, et une malé-
diction inexpiable pèsera sur l'Europe.

Ce système forme un contraste complet avec
ceux des autres colonies européennes en Afrique.
Si le Congo français, seul, offre avec le Congo
belge quelques analogies, ce n'est que par l'effet
du voisinage et de la contagion du mauvais
exemple. Partout ailleurs, les colonies forment
des Etats régulièrement et normalement constitués, dont toutes les institutions se proposent,
en dernier ressort, le développement et la prospérité de la population indigène. Si la métropole
s'efforce d'en retirer un total assez considérable
de contributions directes, douanières et autres,

elle en emploie toujours une partie essentielle pour subvenir aux besoins les plus pressants du pays et de la population. La perception des impôts y est toujours régulière, et ils sont proportionnés aux ressources économiques. Le sol appartient aux indigènes, sauf les parties qui, après une enquête sérieuse, ont pu réellement être déclarées comme terres vacantes. Leur organisation est respectée ; on ne touche ni à leurs tribus, ni à leurs chefs, ni à leurs administrations locales. Leurs produits sont l'objet d'un libre commerce entre les négociants de toutes les nations, et la valeur n'en est pas dépréciée.

Sous un tel régime. comment ces colonies ne seraient-elles pas florissantes ? Les nègres savent très bien profiter de toutes les occasions de s'enrichir, d'améliorer leur situation et de prendre modèle sur les Européens. Il y a en eux l'étoffe d'agriculteurs intelligents, de marchands habiles, tout prêts à démentir la réputation de paresse incurable que leur ont faite certains esprits irréfléchis et malveillants. C'est ainsi qu'à la Côte d'Or des milliers de planteurs noirs se livrent librement à un trafic varié où la seule vente du cacao monte annuellement à un million de livres sterling. C'est ainsi que, grâce à la liberté commerciale, le Sénégal français s'est développé au point que l'exportation de l'huile y est la plus forte du monde. Au Nord du Niger, au Lagos, dans le Togo allemand et jusqu'au Soudan français, la culture du coton, réservée aux nègres, réussit merveilleusement et rapporte des bénéfices considérables, si bien que les gouvernements coloniaux et le commerce des métropoles y trouvent amplement leur compte.

Dans l'Etat libre du Congo, tout est exactement le contraire. C'est, dans toute l'étendue du terme, un Etat d'esclaves, où tout est organisé en conséquence, où rien n'est en faveur de la population, bien plus : où toute la machine administrative est arrangée de manière à *prendre* le plus possible à l'indigène.

Avant Léopold II, c'étaient les Arabes qui opprimaient le Congo ; ils faisaient en grand le commerce des esclaves ; ils étaient des pillards ; cependant, ils laissaient aux indigènes la propriété du sol, le fruit de leur travail, leur organisation héréditaire, et en échange de leurs produits, ils leur donnaient, selon leurs désirs, les articles de leur industrie qu'ils avaient importés.

Pendant les premières années, Léopold entretint d'amicales relations avec ces tyranneaux arabes et il sut en tirer parti. Cela dura jusqu'en 1890. Puis, lorsque ses troupes furent assez fortes, il leur fit la guerre et les anéantit, non, toutefois, sans avoir demandé aux puissances signataires de l'Acte de Berlin la permission de lever de fortes contributions douanières, pour pouvoir entreprendre contre les Arabes une campagne aussi éminemment philanthropique, qui devait préparer l'abolition définitive de l'esclavage en Afrique.

III

Le développement du système

C'est alors seulement que Léopold soumit le Congo à un régime d'asservissement auprès duquel le trafic des Arabes était presque tolérable, étant moins méthodique.

Il commença, par déclarer « terres vacantes » et propriété du gouvernement tous les territoires — 235 millions d'hectares — que les indigènes n'avaient pas utilisés pour l'emplacement de leurs villages et de leurs plantations. Sur ces immenses domaines, les indigènes sont astreints aux travaux forcés, et tous les produits doivent en être livrés au souverain du pays, Léopold II.

Toute vente de produits commerciaux est sévèrement défendue aux habitants, et considérée comme un vol ; les commerçants mêmes qui se rendent acquéreurs de ces produits sont traités comme receleurs. Aucune réserve n'est fixée, à cette époque-là, ni à la durée ni à la nature des travaux imposés aux hommes et aux femmes : services de porteurs, de rameurs, surtout la récolte du caoutchouc et la fabrication de produits alimentaires, notamment d'énormes quantités de pain de manioc pour les troupes, les « gardes-forestiers » et les stations, tout cela dépend du bon plaisir des fonctionnaires, qui décident si les livraisons sont suffisantes ou non.

Ce dernier cas est assimilé à une révolte et peut être puni de deux distributions, à raison de cinquante chacune, de coups de chicotte (cravache en cuir d'hippopotame), suivant un règlement spécial détaillé appliqué aux travailleurs. Dans certains cas, on va jusqu'à détruire immédiatement le village, mettre à mort le chef négligent ou récalcitrant, immoler ou mutiler les coupables; parfois aussi on n'a pas empêché les bourreaux de dévorer les cadavres.

Plus ces punitions sont nombreuses, mieux cela vaut, parce qu'elles inspirent un respect salutaire et encouragent au travail. Pour engager la soldatesque à bien remplir son devoir, on lui distribue des récompenses à proportion du nombre des individus mis à mort, dont témoignent les têtes et les mains coupées. Dans un cas, c'étaient d'autres parties du corps, pour prouver que les victimes sont des hommes, et non des femmes ou des enfants. On n'apprendra peut-être pas sans intérêt, d'après le témoignage d'un Suisse, T. Ackermann, que cette pratique de l'ablation des têtes et des mains était très usitée. Voici comment il s'exprime au sujet des massacres du district du Lomami, en 1902 et 1903 :

« Si le chef n'apporte pas le nombre prescrit de « paniers de caoutchouc, on envoie les soldats

IMPONGI, enfant mutilé au Congo.

Photographie prise par Mme Harris, femme du missionnaire Harris, de la *Congo Balolo Mission*, dont la station est à Baringa, sur la rivière Maringa, dans la concession de la Société « Abir ».

« massacrer la population sans miséricorde ; les
« têtes et les mains sont ensuite délivrées à la
« factorerie. Que de fois ne les y ai-je pas vu
« apporter ! »

Pour le caoutchouc récolté et les aliments
livrés, on paie une rétribution minime ; souvent
même on la rogne ou on ne la paie pas du tout.

Ce serait un soulagement que de pouvoir attribuer ce mode d'exploitation coloniale à un excès
de zèle des sous-employés blancs ou noirs ; malheureusement, tel n'est pas le cas. La faute en
est au haut fonctionnarisme qui donne le mot
d'ordre aux degrés moyens et inférieurs. C'est
lui qui, depuis près de vingt ans, ordonne cette
contrainte par force de tout un peuple ; c'est lui
qui consomme sa ruine matérielle et morale ;
c'est lui qui, par la faim, la terreur et la misère,
l'a déjà réduit de plusieurs millions d'âmes !

IV

Les mutilations

Telle est l'accusation qui, dès l'abord, a rendu
le grand public attentif aux abus du gouvernement congolais, depuis que, dans les *Bulletins*
des diverses missions protestantes, des photographies de mutilés, adultes et enfants, ont été
publiées et se sont répandues en tous lieux.

Aussi la commission royale d'enquête — dont

nous aurons à reparler — a-t-elle dû s'en occuper d'une manière toute spéciale. Son rapport consacre à cette question tout un chapitre, où sont énumérés, l'un après l'autre, tous les cas de mutilation dont elle a pris connaissance. Cette pratique y est représentée comme une coutume enracinée chez les naturels du Haut-Congo à la solde de l'Etat, et comme le meilleur moyen de fournir à leurs chefs la preuve de leur valeur guerrière, sous forme de sanglants trophées prélevés sur les cadavres ennemis. « Il est plus que probable qu'au début de l'occupation, certains « chefs blancs ont toléré cette coutume barbare, « ou, du moins, n'ont pas fait ce qui était en leur « pouvoir pour la déraciner. » Il ne s'agit ici que des mutilations de cadavres.

Mais que dire de ces mutilés vivants, dont les images ne nous sont que trop douloureusement familières, grâce aux clichés de Mme Harris, de la station détruite de Baringa ? Les bourreaux « officiels » n'y ont pas regardé de si près et, les croyant déjà morts, au dire de témoins oculaires, leur ont coupé bras ou jambes, ou ont serré leurs liens trop étroitement, de sorte que la gangrène s'est déclarée et a emporté leurs mains. On cite un cas où des soldats, ayant rattrapé un enfant fugitif, lui ont abattu le pied gauche et la main droite, pour s'emparer de ses anneaux de cuivre.

La responsabilité de crimes si odieux doit, me semble-t-il, être imputée à ceux qui n'ont pas craint d'employer de tels cannibales à la recherche du caoutchouc. Nous en trouvons la preuve dans ce passage d'une lettre adressée, le 12 avril 1895, à son collègue le Rév. Harvey, par le Rév. Joseph Clark, d'Ikoko, établi dans le Haut-Congo depuis vingt ans :

« Ces derniers douze mois, la recherche du
« caoutchouc a coûté plus de vies humaines que
« les guerres et les superstitions indigènes n'en
« ont sacrifié en trois ou cinq ans. On ne peut
« songer qu'avec horreur — si encore on peut se
« la représenter — à cette soldatesque sauvage,
« armée de fusils, et lâchée, bride abattue, sur
« ce pauvre peuple, parce qu'il n'apporte pas de
« caoutchouc. »

Du même, le 3 mai 1895 :

« Le caoutchouc de ce district a coûté des
« centaines de vies, et les scènes dont j'ai été le
« témoin impuissant ont suffi à me faire sou-
« haiter la mort. Les soldats de l'Etat sont des
« sauvages, des cannibales dressés à se servir de
« fusils. Dans la plupart des cas, on les lâche
« sur les villages, sans surveillance, et ils font
« ce qui leur plaît. Voyez-les, au retour d'une
« expédition contre des « rebelles » : à la poupe
« du canot, un pieu, où pendent les mains droites
« de seize indigènes massacrés. Seize guerriers,
« sans doute ?... Hélas !... Ne voyez-vous pas
« ces mains de petits garçons, de petites filles ?...
« Je les ai vues, moi qui vous écris. J'en ai vu

« couper, alors que le pauvre cœur battait encore
« avec assez de force pour que, des artères tran-
« chées, le sang jaillît à une distance de quatre
« pieds ! »

Du même, le 3 février 1896 :

« Vers le 23 mai 1895, un canot de l'Etat
« abordait dans la baie de la mission d'Ikoko.
« Il y avait dedans un panier plein de mains
« coupées. Un des indigènes pagayeurs me dit
« qu'une de ces mains appartenait à une petite
« fille, qu'on avait laissée hurlant de douleur à
« côté du cadavre de sa mère. »

Faut-il citer encore ce témoignage, devant la
commission d'enquête (*Rapport, p. 222*) attestant
que les mains dont parle le Rév. Clark ont été
montrées au chef -- un blanc, celui-là ! — du
poste de Bikoro? Ou la déposition du Rév. Clark
lui-même, à qui le chef de poste, aujourd'hui
décédé, dit, en lui montrant son chien : « C'est
un chien anthropophage, il mange les mains
coupées » ?

Dans quelle intention ces soldats auraient-ils
donc coupé et ramassé ces membres, sinon pour
prouver au chef blanc qu'ils avaient exactement
accompli leur mission ? Comment auraient-ils
osé se présenter avec de tels trophées, si le chef
blanc ne les y avait autorisés ? Ce ne sont pas là
des abus individuels, exceptionnels, isolés : c'est
un abus collectif, systématique, indivisible ; c'est
la terreur érigée en *instrumentum regni*, pour

pousser à ses extrêmes limites l'exploitation de tout un peuple. Et n'est-il· pas grand temps d'abolir ce régime, pour empêcher le retour, sans cesse imminent, de pareils anachronismes, où la férocité native de la brute humaine reparaît sous le mince vernis de la civilisation blanche ?

V

Le caoutchouc but de l'Etat

C'est à coups de décrets péremptoires, signifiés par le gouverneur général aux commissaires de districts et jusqu'aux chefs de postes, que s'effectue la récolte du caoutchouc. On a promis aux fonctionnaires, par kilo de caoutchouc, une gratification progressive, appelée « matabiche » dans l'idiome populaire du Congo, et ils s'engagent *pro aris et focis* à faire tout leur possible pour encourager les indigènes au travail. Les quantités de marchandises exigées sont vraiment effrayantes, et nous ne savons s'il faut excuser le commandant Verstraeten sur des ordres supérieurs ou lui infliger un blâme formel, lorsqu'il écrit aux fonctionnaires du district du Rubi Uélé :

J'ai l'honneur de vous informer qu'à partir du 1er janvier 1899 vous devez faire en sorte de livrer 4000 kilos de caoutchouc par mois. Je vous donne carte blanche à cet effet. Vous avez encore deux mois pour dresser vos gens. Employez d'abord la douceur ; puis, s'ils s'obstinent à ne vouloir pas fournir cette contribution d'Etat, recourez à la force des armes.

Et voici ce que mande le commissaire de district Jacques à la station d'Inoryo :

Vous avez décidément affaire à de tristes espèces. A Huli, ils n'ont encore coupé que quelques lianes de caoutchouc. Il faut sévir contre eux jusqu'à complète soumission ou jusqu'à destruction complète.

Remarquez cette qualification de « contribution d'Etat » donnée à la livraison du caoutchouc : *l'Etat, c'est moi !* Remarquez aussi cette expression si significative : *carte blanche.* On n'ose pas écrire : *carte rouge,* mais cela s'entend.

Ecoutons encore un de ces pauvres diables de fonctionnaires, auxquels il est plus facile de se soustraire à leur conscience qu'à la poigne inexorable des tout-puissants de Bruxelles et de Boma, et qui ne peuvent faire autrement que de remplir leur sanglant devoir.

Le 20 juillet 1898, le lieutenant Tilkens écrit au major Lenssens :

« On signale le steamer *Van der Kerkhove,* remontant le cours du Nil, et l'on requiert pour lui le nombre colossal de 1500 porteurs. Malheureux nègres ! Je n'ose y penser ! Comment arriverai-je à les réunir ? Si du moins les routes étaient à peu près praticables !... mais elles sont à peine frayées, souvent marécageuses, et beaucoup y trouvent une mort certaine. Pendant cette marche de huit jours, un grand nombre périront encore de faim et de fatigue. Que de sang va coûter cette expédition ! J'ai déjà dû à trois reprises déclarer la guerre aux chefs qui refusaient de participer à ce travail... Mes gens aiment mieux périr dans les forêts que de faire cette besogne. Si un chef refuse, c'est la guerre, et quelle guerre abominable ! Des armes à feu perfectionnées contre des lances et des flèches ! Un chef vient justement de me dire que son village est en ruines et toutes ses femmes tuées. *Mais qu'y puis-je ?* Je me vois souvent forcé de charger de chaînes ces malheureux chefs jusqu'à ce que cent ou deux cents porteurs soient réunis. Souvent aussi mes soldats trouvent les villages vides : alors ils s'emparent des femmes et des enfants. »

Voici, d'autre part, ce qu'il écrit à sa mère :

« Le commandant Verstraeten a visité ma station et m'a hautement félicité. Il m'a dit que la teneur de son rapport dépendra de la quantité de caoutchouc que j'aurai livrée. En septembre, j'en avais 360 kilos ; en octobre, j'en ai eu 1500, et dès janvier, il y en aura 4000 par mois, ce qui me vaudra une augmentation de solde de 500 francs. J'ai de la chance, n'est-ce pas ? car si je fais encore pendant deux ans dans le caoutchouc, j'aurai une plus-value de 12.000 francs. »

Toutefois, l'année suivante, ayant peut-être un peu trop tendu la corde, c'est sur un autre ton qu'il écrit au major Lenssens :

« Je m'attends à une révolte générale, dont je vous ai averti, je crois, dans ma dernière lettre. La raison en est toujours la même : les indigènes sont las du régime actuel : récolte et transport du caoutchouc, préparation d'aliments pour les blancs et les noirs. J'ai dû de nouveau combattre pendant trois mois, avec dix jours de repos seulement. J'ai 152 prisonniers. Il y a deux ans que je guerroie dans ce pays, toujours avec 40 ou 50 fusils Albini à tir rapide. Toutefois, je ne puis encore prétendre avoir soumis la population. Tous préfèrent la mort. Qu'y puis-je ? Je suis payé pour faire ma besogne, je ne suis qu'un instrument dans les mains de mes supérieurs, et j'exécute leurs ordres, comme l'exige la discipline. »

Peut-être vous demandez-vous pourquoi nous nous bornons à reproduire ici les témoignages des fonctionnaires européens du Congo, et pourquoi nous n'entrons pas dans les horribles détails des innombrables atrocités racontées par les missionnaires, les consuls des puissances étrangères, ou exposées, en 1904 et 1905, devant la fameuse commission royale d'enquête par les victimes et les chefs interrogés ?

C'est que les rapports de ces subalternes suffisent pour jeter une vive lumière sur le *système* ;

c'est parce qu'il en résulte très évidemment, qu'en exécutant ou qu'en faisant exécuter les ordres les plus barbares pour obtenir le caoutchouc, ils n'ont fait qu'obéir au « mot d'ordre » qui fait comme une traînée rouge à travers tout l'Etat du Congo et qui constitue même son unique raison d'être : l'asservissement complet d'un peuple obtenu par les moyens les plus barbares afin d'exploiter les produits du pays.

VI

Les otages

Parmi les moyens coercitifs dont nous avons parlé, il en est un qui mérite une mention spéciale : les otages. Là aussi il y a un système. En vain en cherche-t-on l'origine dans l'histoire moderne ; on se demande si une pareille idée a pu éclore dans un cerveau humain. Au Congo, lorsque les hommes valides, ne pouvant plus satisfaire aux exigences des blancs, s'enfuient dans les forêts, on s'empare des vieillards, des femmes et des enfants qu'ils ont laissés derrière eux, on les parque ensemble, on les enferme, on les contraint au travail, on les nourrit plus ou moins jusqu'à ce que, dans l'angoissante incertitude de leur sort, les fugitifs soient revenus. Il arrive alors qu'on relâche les otages, contre livraison de la quantité de caoutchouc.

Un poète raconte que, pendant les guerres des Guelfes et des Gibelins qui, au XIIIᵉ siècle ensanglantèrent l'Italie méridionale, le défenseur d'une forteresse assiégée fit porter au-devant des assaillants le fils du défenseur chargé de chaînes, pour décider celui-ci à rendre la place. Cet épisode moyenâgeux aurait-il hanté l'esprit du fin politique qui s'est avisé de ce moyen coercitif aussi infaillible qu'abominable?

La cruauté de ce système d'exaction s'aggrave encore — comme presque tout au Congo — de l'exactitude bureaucratique qui y préside. A chaque station il y a de ces prisons pour otages. L'opération en vertu de laquelle on les y enferme porte le nom élégamment officiel de « contrainte par corps » — ainsi dit la commission royale d'enquête. Dans l'immense domaine — il est presque aussi vaste que la France — de la plus importante compagnie du Congo, *Anglo-Belgian India Rubber Company Limited (A.B.I.R.),* dont le roi possède la moitié des actions et qui, en vertu d'une concession expresse ou sous-entendue, exerce sur les indigènes les mêmes droits que l'Etat libre du Congo — on emploie des formulaires spéciaux pour renseigner chaque mois la Direction sur l'état *des indigènes soumis à la contrainte par corps.*

Ces otages ne doivent pas dépasser le nombre de 25 par station et par mois, ce qui donne annuellement, d'après le calcul de P. Mille (*Le*

Congo léopoldien, p. 161) un total de 10.500 pour 35 stations. *Ab uno disce omnes* : s'il y en a autant dans le domaine de l'A.B.I.R., combien y en aura-t-il dans le Congo tout entier ? Il va sans dire que ce chiffre de 25 est purement fictif. Il existe de nombreux témoignages qui parlent de centaines d'otages. Le directeur de cette compagnie, M. Albert Longtain, prescrit à ses fonctionnaires, le 4 septembre 1903, de ne faire d'otages que *pour le recouvrement des impositions en caoutchouc*. Là encore sévit la contribution du caoutchouc, et que ce soit une compagnie particulière qui l'exige, peu importe : les résultats sont les mêmes.

Maintenant, que se passe-t-il dans ces prisons d'otages, ou, pour mieux dire, dans ces écuries à bétail humain ? Le missionnaire Harris atteste devant la commission royale d'enquête que la détention d'hommes, de femmes et d'enfants était à l'état permanent dans sa station, où ces malheureux sont parqués dans une espèce de hangar, sans égard aux besoins humains les plus urgents.

Le négociant J. S. Mac Laren écrit à Morel :

A la station de Dufile (enclave de Lado), des otages féminins travaillent, sans aucun vêtement, sous les fusils des soldats. Je demande au chef de poste quel crime ces femmes ont commis. Ce sont, me répond-il, des détenues politiques, et non des prisonnières ordinaires ; ce sont des femmes de chefs ; on les retiendra jusqu'à ce que leurs maris viennent les délivrer ; c'est le seul moyen d'agir sur les hommes et de les rendre sensibles à la punition. Telle est la règle. Dès que l'autorité veut s'assurer de la personne d'un chef, il se révolte, il se sauve dans la forêt ou il se réfugie dans les possessions anglaises du Nil. Alors on retient ses femmes prisonnières pour qu'il revienne au plus tôt. Madame Ruskin atteste qu'on a pris des femmes comme otages sans le moindre égard à leur état de grossesse ou à leur condition de nourrices. On les obligeait à travailler en plein soleil, à couper de l'herbe, à sarcler. D'autres étaient enfermées dans la prison commune, dans une complète promiscuité ; à peine étaient-elles délivrées, on les envoyait au travail, avec leurs nouveau-nés sur le dos. Une de ces malheureuses m'a décrit la prison où elle était enfermée ; mais on ne saurait publier de tels détails.

VII

Une circulaire du gouverneur général

Si l'on veut se convaincre que cette effroyable machine reçoit son impulsion des « hauts lieux », on en trouvera la preuve dans une circulaire adressée par le gouverneur général aux commissaires de districts et aux chefs de zones.

Son Excellence y constate d'abord que la qualité du caoutchouc est inférieure à ce qu'elle était auparavant. Il ne doit pourtant pas être impossible de forcer l'indigène contribuable à livrer de bons produits, mais il y faut une constante surveillance. Toute fraude sur la qualité doit être « réprimée ». Les commissaires et les chefs de zones doivent donc vérifier fréquemment la marchandise et faire leur rapport aux chefs de postes. L'emballage aussi doit être irréprochable. En outre, comme le caoutchouc a subi une forte « baisse », les chefs du domaine ne doivent pas se borner à supprimer les deux premières causes de perte, mais encore la troisième, la baisse, en s'efforçant continuellement d'augmenter la production selon les instructions données et dans la mesure exigée par les circonstances.

Et M. le gouverneur général termine ainsi :

« Je vouerai une constante attention à l'exécution des présentes prescriptions. »

A ce sujet, le consul anglais Casement fait remarquer que ces prescriptions seraient excellentes, si seulement elles étaient adressées à un commis par le chef d'une maison de commerce ; mais venant d'un gouverneur général et adressées aux fonctionnaires supérieurs de son administration, elles témoignent vraiment d'une conception « quelque peu bornée » des devoirs officiels. Au lieu de concentrer leur énergie sur l'administration de leurs districts, on les incline à considérer la production intensive du caoutchouc

comme le devoir essentiel de l'Etat. Le fonctionnaire qui en livrera le plus sera considéré
comme le plus méritant; quant aux moyens
qu'il aura employés, on n'y regardera pas de trop
près. Or, quand on sait que ces fonctionnaires
représentent toute l'autorité dans leurs districts,
qu'ils ont sous leurs ordres une soldatesque
féroce, comment pourrait-on chercher « ailleurs
que dans l'esprit » qui a dicté cette circulaire la
cause de la misère et de l'angoisse où vivent les
indigènes du Congo supérieur?

Si l'Anglais Casement va si loin dans ses critiques, faut-il s'étonner qu'un Belge, M. Lefranc,
en conclut qu'il faudrait expulser du Congo tous
les « courtiers » qui y travaillent depuis vingt
ans? Il a raison. Et c'est même le seul moyen
d'assurer dans l'avenir le salut du Congo.

VIII

Destruction de l'organisation des noirs

Léopold a divisé son royaume du Congo en
trois régions : le *Domaine privé*, appelé dans la
suite *Domaine national*, formant à peu près le
domaine primitif de l'exploitation ; le *Domaine
de la Couronne*, qui est, à un degré de plus, propriété particulière du roi ; les *Concessions*,
accordées à titre de fiefs à environ sept grandes
compagnies, où le roi est intéressé de diverses

manières[1]. Mais le traitement des indigènes — la seule chose qui nous intéresse ici — est absolument le même dans ces trois régions, les compagnies exerçant un pouvoir absolu dans leurs domaines respectifs (aussi vastes, parfois, que les plus vastes Etats de l'Europe), et les directeurs ayant la libre disposition des troupes et des prisons.

D'innombrables témoignages attestent de quelle manière révoltante on détruit l'autorité des chefs, de ces chefs qui sont aimés des indigènes, qui les gouvernent patriarcalement, à la mode africaine, c'est vrai, mais qui servent de lien entre eux, qui défendent leurs droits, qui assurent leur existence nationale. Là encore il y a un système. Ce qu'on veut, c'est la ruine de cette organisation, afin de briser toute résistance, de réduire la population à un troupeau sans défense et sans berger, qu'on puisse exploiter plus aisément. D'autre part, on se sert des chefs pour obtenir la livraison du caoutchouc, et de toute irrégularité c'est eux et leurs familles qu'on rend tout d'abord responsables de la façon la plus cruelle. A cet effet, on leur remet des médailles qui servent à les faire immédiatement reconnaître. — Quelques exemples entre mille :

Le Rév. Ch. Padfield de la mission de Balolo, fait devant la commission royale d'enquête la déposition suivante :

« Vers octobre 1904, les agents du gouverne-

[1] Voir la carte foncière à la fin du volume.

ment à Boyeka mandent le chef du village, nommé Jongi, et lui ordonnent de livrer du caoutchouc. Il s'y refuse en sa qualité de chef, et parce que son village fournit déjà du poisson et du « minsumbu » (sorte d'aliment). Les agents s'emparent de lui et le rouent de coups, jusqu'à ce qu'il ne s'en relève plus ; puis, ils le bourrent de coups de pied, et ils s'aperçoivent alors qu'il est mort. Un agent le tenait, pendant qu'un autre le frappait. »

Cette déposition a été contresignée devant la commission, par dix témoins.

Le missionnaire Harris, à Baringa, rapporte à la même commission que le grand chef de Bolima, Isekefasou, a été mis à mort, sous l'administration de M. Forcie, que les soldats ont aussi tué, dépecé et dévoré ses femmes et ses enfants, et qu'après cet affreux festin, ils ont enguirlandé sa demeure des entrailles des victimes. Cette atrocité fut commise au moment où ces malheureux prenaient tranquillement leur repas du soir, et lorsque les bourreaux revinrent, M. Forcie leur fit donner la « chicotte », parce qu'ils n'avaient pas massacré assez de monde à Bolima. (Veuillez remarquer que ceci est bien plus un résultat du « système », que l'effet de la barbarie personnelle de M. Forcie.)

Le grand chef actuel de Bolima, successeur d'Isekefasou, fait aussi une déposition sensationnelle. Il se présente fièrement devant la commission, désigne d'un geste les vingt témoins qu'il a amenés, et dépose sur la table 110 baguettes, dont chacune représente une vie humaine sacrifiée au caoutchouc. « Voici, dit-il, qui représente les chefs ; voici les hommes ; les moyennes sont les femmes, et les toutes petites les enfants. » Puis il donne les noms des victimes, et il offre d'aller chercher son fils pour compléter la liste. La commission se déclare satisfaite et convaincue de sa véracité. Mais il raconte encore qu'un agent lui a coupé sa barbe, qui tombait presque jusqu'à ses pieds, pour la simple raison qu'il est allé rendre visite à un ami demeurant dans un autre village, car le système exige qu'aucun indigène ne quitte son village, sans en avoir reçu l'ordre exprès, de peur qu'il ne prenne la fuite. Après l'avoir vaincu à la guerre, le blanc lui demande, en lui montrant un tas de cadavres : « Eh bien, maintenant, tu nous apporteras du caoutchouc, pas vrai ? » Comment dire non ? Puis les soldats de M. Forcie dépècent les victimes et les dévorent. Quant au chef, on lui donne la chicotte, on le jette en prison et on l'oblige aux travaux les plus serviles.

Quant aux atrocités sexuelles qui mettent le comble à toutes ces horreurs, il faut les passer sous silence. Ce dont les hommes sont capables, nul ne tient à le savoir, si sa pudeur et sa dignité peuvent s'en trouver offensées.

IX

La justice au Congo

Après cela, on ne s'étonnera pas qu'il ne puisse être question d'une procédure criminelle proprement dite de la part de ces agents et de leurs instruments, jusqu'aux milices anthropophages et aux « sentinelles-gardes-forestiers ». Il fallait bien que le système sanctionnât ou, si vous préférez, ignorât de pareils procédés, puisque sans eux le but essentiel. la production intensive du caoutchouc, n'aurait pas été atteint. Comment punir des subalternes qui peuvent invoquer des ordres formels ou même de simples indications suffisamment explicites ? (Voir les lettres du lieutenant Tilkens citées plus haut.)

Voici ce que le missionnaire Ruskin dépose devant la Commission :

La plus grande injustice commise au Congo a consisté à donner aux « gardes-forestiers » une autorité illimitée, dont ils ont souvent fait l'usage le plus abominable. Jamais ils n'ont été punis, même quand ils ont commis les crimes les plus atroces. A ma connaissance, jamais l'un d'eux n'a été sommé de rendre compte de sa conduite, eût-il enlevé des femmes, volé, assassiné, au vu et au su de tout le monde. C'est que, sans le concours des gardes-forestiers, il est impossible d'obtenir la quantité de caoutchouc exigée, cette quantité étant trop forte et toute autorité ayant été enlevée aux chefs.

Quant aux fonctionnaires blancs de grades intermédiaires, il existe bien une série de jugements rendus par le tribunal de Boma et prononçant des peines jusqu'à vingt ans de réclusion ; mais le juge Lefranc, qui sait les choses, assure que, au bout de peu de temps, ces condamnés reparaissent sur les boulevards de Bruxelles et d'autres villes d'Europe. Dans le temps même où la Commission royale d'enquête siégeait au Congo, des fonctionnaires par trop gravement compromis ont pu, sans être inquiétés, se réfugier en Europe.

Par contre, on sévit sur les employés peu intelligents et « intransigeants » qui importunent leurs supérieurs en les renseignant sur les cruautés commises ; on chicane les missionnaires, à qui on interdit d'étendre leur œuvre et qu'on empêche de s'approvisionner, en leur défendant d'acheter quoi que ce soit aux indigènes, tout le commerce du Congo étant monopolisé au profit de la Couronne.

Il est affreux de se trouver ainsi, soudainement et sans préparation, plongé dans une atmosphère de sang où vous maintient une organisation inexorable. Si l'on y réfléchit bien, on verra diminuer la responsabilité des subalternes, à mesure que grandira celle des supérieurs et des chefs instigateurs de ce système. C'est avec raison que, dans son *Congo léopoldien* (p. 49), Pierre Mille nous conseille la modération à l'égard de ces petits employés que l'on force à patauger dans le sang. « De retour en Europe, ces gens-« là seront les plus honnêtes du monde et feront « d'excellents pères de famille ; et si, dans quel-« ques années, vous leur reprochez leurs cruautés « de jadis, ils vous répondront : Que voulez-vous ? « C'était le métier. » Il y a du vrai là-dedans ; ces gens-là font leur devoir ; leurs appointements dérisoires ne leur permettant pas de faire le tour, il faut bien qu'ils comptent sur la prime ; ainsi ils se trouvaient poussés au meurtre. Considérez enfin qu'engagés dans cette voie, ils n'y peuvent plus reculer.

Nous devons à M. Morel communication de la lettre suivante — bien émouvante aussi — d'un pauvre fonctionnaire italien au Congo :

« Si un fonctionnaire s'avise de jeter un coup d'œil dans les coulisses de l'administration, il est épouvanté d'être descendu si bas sur l'échelle sociale. Il ne peut donner sa démission, parce que le *Recueil administratif* (Code congolais) ne l'admet pas. S'il s'obstine et abandonne son poste, il peut être poursuivi comme déserteur, et il ne sortira pas vivant du pays, car tout — voies de communication, stations d'approvisionnement, etc., etc., tout est au pouvoir de l'administration. S'échapper dans le canot d'un indigène, il n'y faut pas non plus songer ; toute embarcation dont la destination est inconnue et dont le déplacement n'a pas été annoncé de poste en poste, est immédiatement arrêtée comme suspecte, les « natifs » n'étant pas autorisés à naviguer librement et sans contrôle. Tout fonctionnaire doit donc faire son temps, obéir aux ukases du gouverneur général et du commissaire de district, sans espoir de faire connaître au monde la misère où il est plongé. C'est d'ailleurs à quoi veille le « cabinet noir » de Boma. »

Comme l'État du Congo, en réalité, n'est qu'une spéculation poussée à la hâte pour atteindre, aussi vite que possible, les richesses du pays, on comprend que son organisation judiciaire soit à peu près nulle à l'heure qu'il est : c'est un simulacre, tandis que la machine administrative fonctionne à la vapeur. Celui qui souffre de cette justice négative, c'est toujours le noir. « Avec un « nombre pourtant restreint de fonctionnaires, « l'État a résolu le difficile problème d'occuper « et d'administrer d'une façon effective son vaste « territoire. » Voilà pour l'exploitation. Mais pour la justice ? Il y a un seul tribunal, celui de Boma, sur la côte Atlantique, pour toutes les affaires civiles et les affaires criminelles d'une certaine importance. « C'est une triste vérité « d'expérience qu'un grand nombre de témoins « noirs, forcés de se rendre du Haut-Congo à « Boma (la distance de Paris à la frontière « russe) ne revoient jamais leur village. » Les

privations, les changements inusités, la nostalgie
les emportent, de sorte que le seul nom de Boma
effraie les indigènes, et que la crainte d'une
citation leur fait gagner la brousse. Il faut donc
leur faire la chasse, traiter les témoins comme
des prévenus, les enchaîner parfois. Jamais un
indigène n'a recours au tribunal, il préfère tolérer
l'injustice que de s'exposer à un tel sort. Et le
temps qui s'écoule par suite de l'éloignement
des pays de l'intérieur du siège des juges à Boma!
Les mois, les années s'en vont, les blancs rentrent
en Europe, et les noirs deviennent « introu-
vables». Voici comment le Rapport de la Commission d'enquête dépeint cet état de choses,
dont la véritable cause est l'extension fiévreuse,
désordonnée d'un soi-disant État qui ne s'est
développé que dans un sens, celui de l'exploitation rapide, tandis qu'on n'avait ni le temps,
ni les hommes, ni l'argent pour toute organisation qui vise plus haut qu'à la course au
caoutchouc. Boula-Matari ne gagne pas son
argent pour le gaspiller en faveur des indigènes !

X

L'affaire Stokes-Lothaire

L'affaire Stokes-Lothaire est un épisode de la
lutte entreprise par l'Etat du Congo pour
s'octroyer le monopole de l'ivoire. Stokes était

un particulier s'avisant de faire concurrence à l'Etat. C'est en ce sens que l'épisode est des plus caractéristiques. L'Etat père de famille se révèle brusquement comme un Etat commerçant...

Stokes, ancien missionnaire anglais devenu trafiquant d'ivoire, fut arrêté par le commandant belge Lothaire, au service de l'Etat du Congo, sous le prétexte qu'il faisait le négoce des armes à feu avec les indigènes. Après un simulacre de procédure, il fut condamné et pendu à Lindi, le commandant Lothaire faisant fonction de juge, de procureur, de greffier et de défenseur, le 15 janvier 1895.

Quand ce jugement fut communiqué par le gouvernement du Congo à l'Angleterre et à l'Allemagne, il y eut grand émoi dans les chancelleries. De pressantes questions furent adressées à la Chambre des communes. Finalement, les gouvernements anglais et allemand, par leurs ministres à Bruxelles, déposèrent une protestation contre la procédure criminelle appliquée par le commandant Lothaire, demandant qu'il fût poursuivi pour crime judiciaire et exigeant une indemnité pour les parents et la suite indigène de feu Stokes. Le ministre anglais était alors sir Francis Plunkett ; le ministre allemand, le comte d'Alvensleben ; le gouvernement congolais était représenté par M. Van Eetvelde. Pour bien préciser les choses, disons que chaque puissance a négocié séparément avec l'Etat du Congo.

M. Van Eetvelde, secrétaire de l'Etat du Congo, écrivait le 3 novembre 1895 à sir Francis Plunkett :

> Que le gouvernement de l'Etat du Congo a formellement exprimé son désir de donner au gouvernement britannique toute satisfaction pour les faits qui ont rapport à l'exécution de M. Stokes, et a offert de terminer le litige sur les bases suivantes : Le gouvernement du Congo renouvelle l'expression de son sincère regret de ce que le Conseil de guerre (*sic*) qui a condamné M. Stokes n'ait pas été légalement constitué et de ce que M. Lothaire n'ait pas permis au condamné d'en appeler à la cour de Boma. L'Etat du Congo promet au gouvernement britannique de traduire M. Lothaire devant un tribunal compétent à l'effet de faire lumière complète sur la question, de statuer sur les accusations portées contre M. Lothaire et de lui infliger une peine proportionnelle à la gravité de la faute, dans le cas où sa culpabilité serait établie. Il se déclare en outre prêt à payer immédiatement au gouvernement anglais, en compensation de l'irrégularité de procédure, une indemnité de 150.000 francs et d'ordonner la restitution de tous les biens ayant appartenu à M. Stokes.

Par une dépêche du 5 novembre, lord Salisbury prend acte des déclarations de l'Etat du Congo et accepte les offres faites et les engagements pris. Le paiement de l'indemnité fut effectué le 9.

Une autre somme de fr. 100.000 est versée au gouvernement allemand à titre de réparation pour le préjudice qu'auraient subi les hommes de la caravane de M. Stokes du fait d'avoir été privés illégalement de leur chef.

Restait à poursuivre le commandant Lothaire devant un tribunal compétent. Qu'allait faire le gouvernement du Congo ? Qu'allait faire le gouvernement belge ?

Le 29, le député Lorand interpelle le gouvernement sur la réclamation anglaise. M. de Smet de Naeyer, ministre des finances, répond au nom de M. de Burlet, ministre des affaires étrangères :

L'Etat du Congo n'accuse pas de meurtre le commandant Lothaire, mais il a porté à la connaissance du gouvernement belge le fait que M. Lothaire, capitaine de l'armée belge, a, le 15 janvier 1895, fait mettre à mort, sans jugement régulier, le nommé Stokes, sujet britannique, fait qui constitue, à supposer que son caractère délictueux soit établi, une infraction prévue par la loi d'extradition. Le gouvernement n'a pas à se prononcer actuellement sur le point de savoir si, oui ou non, il y a lieu à poursuivre devant une juridiction belge, et la raison en est simple, c'est que le commandant Lothaire n'est pas en Belgique. Or, l'article 12 de la loi du 17 avril 1878, très explicite à cet égard, crée une fin de non recevoir absolue et exclusive de l'examen du fond. En voici le texte : *Sauf les cas prévus aux N*os *1 et 2 de l'article 6 et à l'article 10, la poursuite des infractions dont il s'agit dans le présent chapitre n'aura lieu que si l'inculpé est trouvé en Belgique.* Cette condition fait ici défaut. La ligne du gouvernement est donc toute tracée; s'il est appelé à examiner cette question, il ne pourra le faire qu'au moment où Lothaire reviendrait en Belgique.

M. Lorand, dans son discours, a dit :

Il a été question d'un autre genre de procédure; on a parlé de faire comparaître le commandant Lothaire devant un tribunal congolais qui siègerait en Belgique. C'est encore bien plus impossible ! Je comprends qu'il comparaisse devant un tribunal congolais institué au Congo dans les conditions qui conviendront le mieux à l'Etat du Congo et à l'Angleterre. On a dit, en effet, que le souverain du Congo est aussi absolu que l'était Louis XIV, et il en résulte qu'il peut organiser ses tribunaux comme il l'entend, en Afrique; mais en Belgique, le gouvernement n'admettra certainement pas qu'un officier belge soit traduit devant un tribunal étranger siégeant sur le territoire belge, en vertu d'un prétendu principe d'exterritorialité et qu'éventuellement, l'exécution du jugement ait lieu sur le territoire belge ! Il ne peut évidemment être question de cela, et dès lors, nous en arrivons nécessairement à la seule hypothèse possible : l'Etat du Congo recevant une plainte d'Angleterre ayant sur son territoire et à son service la personne à charge de qui cette plainte est faite, doit pourvoir au jugement.

La question était bien posée. Si Lothaire rentrait en Belgique, devant quel tribunal le gouvernement belge — responsable devant l'Angleterre et l'Allemagne des fautes d'un citoyen belge au service du Congo — traduirait-il le prévenu accusé d'un meurtre judiciaire ?

M. Georges Lorand, en disant à la Chambre belge que l'Etat du Congo, recevant contre le commandant Lothaire une plainte de la Grande-Bretagne, devait pourvoir lui-même au jugement, exprimait la conception normale en matière de poursuites internationales. Mais ce n'était pas la conception de Léopold, souverain du Congo ; lui et son secrétaire d'Etat congolais [1] avaient une autre idée. Ils se gardèrent bien de faire savoir

---

[1] M. Van Eetvelde.

ouvertement au gouvernement anglais qu'ils ne possédaient pas au Congo d'organisme judiciaire pour connaître de semblables litiges internationaux, car lord Salisbury eût immédiatement avisé à des moyens plus énergiques pour poursuivre et châtier le commandant Lothaire. Le souverain du Congo et son secrétaire *veulent* donc que Lothaire soit jugé en dernier ressort en Belgique.

Mais en attendant, on avait hâte, au Congo, de justifier, par un jugement tout congolais, le commandant Lothaire qui avait débarrassé le domaine d'un contrebandier si gênant. Il est traduit devant le tribunal d'appel de Boma (capitale de l'Etat du Congo) siégeant en première instance. Le commandant est entendu en héros qui a bien mérité de la patrie, et naturellement acquitté avec des acclamations et des félicitations. John Bull recevait ce soufflet en pleine joue au mois d'avril 1896. Le gouvernement anglais, indigné, protesta contre ce jugement. Le gouvernement congolais, alors, propose « le Conseil supérieur de l'Etat du Congo à Bruxelles. » Cette juridiction est acceptée sans méfiance, sans que l'on regardât de près si une telle cour était compétente ou non en pareille matière. Le commandant Lothaire, pour se soumettre à ce second procès, arrive en Belgique et le drame va trouver son dénouement final.

Ici se pose la question : quel est ce « Conseil

supérieur » de l'Etat du Congo, à Bruxelles, qui serait compétent pour juger en dernier ressort une cause criminelle vidée en première instance par le tribunal de Boma, ou, en premier ressort, pour connaître d'un crime commis au Congo par un Belge qui est retourné en Belgique ?

Car c'est de ces deux points de vue qu'on a envisagé la question.

Il existait bien, parmi les rouages bruxellois de l'Etat du Congo, un Conseil supérieur, cour de cassation et cour d'appel, pour des objets de litige portant sur plus de 25.000 fr., en même temps corps consultatif, mais on ne l'avait point encore mis en mouvement pour une affaire criminelle.

Donc, il fallait mettre sur pied « ad hoc » le dit conseil, destiné à servir pour un jour et une seule cause, et on le composa, pour produire de l'effet, frapper un grand coup et fermer à jamais la bouche aux Anglais, de deux anciens ministres, deux députés, un sénateur et un avocat ; un des anciens ministres est chargé de la défense. Citons, pour mettre en sa juste lumière ce procédé, l'article 94 de la Constitution Belge qui dit qu'un tribunal congolais en Belgique est chose impossible :

> Nul tribunal, nulle juridiction contentieuse ne peut être établi qu'en vertu d'une loi. Il ne peut être créé de Commissions ni de Tribunaux extraordinaires, sous quelque dénomination que ce soit.

Le procureur d'Etat, nommé pour la circonstance, dans son « réquisitoire », demande à la cour de confirmer l'acquittement prononcé par le tribunal d'appel de Boma. Le défenseur fait le panégyrique de l'accusé, comme c'était son devoir. Lothaire est acquitté [1]. Lord Vaux, délégué par le gouvernement britannique, revint furieux. Lord Salisbury fut indigné, mais que faire ?

Cependant les Anglais n'ont pas oublié cet affront. Lord Fitzmaurice a dit récemment que le sang de Stokes criait vengeance et il a déclaré à la Chambre des Lords, en juillet 1906, que le jugement de Lothaire était « une des plus scandaleuses farces judiciaires qui ait jamais souillé les annales de ce qui prétendait au nom de cour de justice ».

XI

Les révélations du juge Lefranc

Un juge belge, M. Stanislas Lefranc, qui, pendant des années, a fonctionné comme tel au Congo et y est même retourné ensuite, raconte les luttes qu'il a soutenues — sans aucun résultat, d'ailleurs — pour faire instruire et soumettre aux tribunaux les méfaits et les crimes

[1] Lothaire fut nommé directeur en Afrique de l'Anversoise, après le meurtre de Stokes.

des agents et de leurs complices. Le style dont se sert M. Lefranc à l'égard de ses supérieurs — y compris M. le gouverneur général — n'a rien d'académique, et si on le considère au point de vue purement littéraire, il s'en va bien au delà de cette « sage retenue » dont la distinction conquiert par avance notre sympathie ; son exaltation est presque fiévreuse ; mais il y a des cas où l'indignation forge des paroles d'airain, où le verbe ne saurait avoir la belle « sérénité » qui n'est pas dans l'âme, et où il est difficile de ne pas écrire un pamphlet.

Représentez-vous ce que doit être la situation d'un juge consciencieux, pénétré de ses devoirs, au milieu d'un monde où un fonctionnaire de l'administration a pleins pouvoirs, où on lui passe tout, pourvu qu'il tende au but visé par ses supérieurs, où un magistrat qui lui reproche ses excès reçoit invariablement la même réponse : « Classez ce dossier ! » Traduction libre : « Aux archives, et fermez les yeux ! »

Nous possédons la correspondance de Lefranc avec le procureur d'Etat et le gouverneur général, au sujet d'enquêtes ordonnées par lui contre des fonctionnaires des degrés moyen et inférieur, qu'il voulait traduire devant les tribunaux pour infractions à la loi et barbaries. Rien n'est psychologiquement plus intéressant que les réponses entortillées de ces messieurs. Sans doute, ils ne peuvent faire autrement que de donner en partie raison à cet instructeur si malencontreux ; mais ils ne lui dissimulent pas leur mécontentement de la manière « intransigeante » dont il poussait des fonctionnaires coupables tout au plus de vétilles, ordinairement rixes suivies de mort, coups de pied à la tête causant de graves blessures, etc. Conclusion : M. le juge Lefranc est déplacé à plus de mille lieues, au centre de l'Afrique.

Et quoi de plus grotesque que le rescrit adressé à M. Lefranc à propos de l'avis qu'il a cru devoir donner de la cruelle fustigation d'une trentaine de jeunes gens, mineurs pour la plupart ! Nous avons vu que le règlement de Léopold pour le Congo prévoit, comme moyen disciplinaire, applicable aux hommes, une distribution en deux fois, de 5o coups de chicotte. M. Lefranc estimait qu'il fallait épargner à ces enfants un châtiment si cruel, d'où peuvent résulter des contusions profondes, la paralysie et l'évanouissement. L'autorité supérieure répondit à M. Lefranc, dans un jargon juridique plein d'élégance, que la loi ne parlait d' « hommes » que par opposition aux « femmes », et que, dès lors, il appartenait aux agents de décider si l'interdiction de la chicotte pouvait être étendue aux mineurs du sexe masculin. Toutefois, ordre est donné de procéder désormais aux fustigations assez loin de la résidence de M. Lefranc pour que ce gêneur n'ait plus l'occasion de se mêler

si mal à propos d'affaires purement administratives et « politiques ». Ajoutons que le tigre qui
avait ordonné le supplice de ces enfants ne
l'avait fait que parce qu'il lui avait semblé les
voir rire, la veille, sur son passage.

Jusqu'ici, la presse du Congo a toujours qualifié de tendancieux les graves reproches adressés
à l'administration, et elle les a attribués soit à la
concurrence jalouse des Anglais, soit aussi aux
missionnaires protestants. Il importe donc de
savoir, par les révélations de M. Lefranc, que la
mission catholique du Congo a fait les mêmes
effroyables expériences, quoiqu'elle ait parlé
moins haut, ce qui ne surprendra que ceux qui
ne connaissent pas l'état d'esprit des partis politiques belges. M. Lefranc se déclare personnel-
lement royaliste et catholique, pas socialiste pour
un sou, mais, à son point de vue, le scandale
congolais est une flétrissure pour le trône et
l'autel. Il cite des lettres de religieux en activité
au Congo et qui partagent entièrement son
opinion : « Nous sommes en présence d'un mal
« qui, à vues humaines, est sans remède. Per-
« sonne n'en veut rien savoir, les uns par égoïsme,
« les autres par inconscience. Il n'y a plus
« d'espoir qu'en Dieu. » Une de ces lettres est
particulièrement impressionnante par l'énergie
de son langage :

« Je proteste avant tout contre l'embauchage
« forcé d'ouvriers et surtout d'enfants pour

« l'exploitation du pays. Je proteste contre l'ar-
« bitraire absolu qui préside à la livraison du
« caoutchouc. Je proteste contre ces continuelles
« destructions de villages par des troupes char-
« gées, coûte que coûte, de faire des otages. Je
« proteste contre cette insupportable corvée qui
« s'appelle la livraison des aliments, imposée à
« des villages distants de dix heures de marche
« et plus. On dira que ces villages se sont sponta-
« nément offerts pour cette livraison. Je le sais ;
« mais ils ne l'ont fait que pour se soustraire à
« celle du caoutchouc, bien plus redoutable
« encore. L'Etat se transforme en maison de
« commerce : je proteste ; l'Etat doit laisser le
« commerce aux particuliers. Le pays se dé-
« peuple. Il a été décimé, et pis encore, par les
« services de transport, etc. Certains personnages
« ne nous voient pas de bon œil. Le mission-
« naire, qui apporte la civilisation et dont le devoir
« est de protéger les nègres, c'est l'ennemi. »

Citons encore la prophétie de M. Lefranc sur
l'avenir de ce malheureux pays ! Pendant quinze
ans, une bande de malfaiteurs a pillé le Congo.
La population est en partie exterminée, les
trésors de la terre sont ravagés, la liane de
caoutchouc a disparu sur de vastes étendues. Il
n'y a d'organisé que le vol et l'assassinat. Si
l'Etat belge se charge du Congo, il ne saurait
être question d'exiger travaux ou contributions
quelconques de cette population misérable,

exténuée, dépouillée de tous ses biens. Il faut bien plutôt lui laisser le temps de respirer, lui rendre ce qu'on lui a ôté, et lui prouver enfin par de bons traitements — ce qui ne peut être l'œuvre d'un jour — que tous les blancs ne sont pas des monstres. Pour réparer tant d'iniquités et de dommages, il ne faudra rien moins que des milliards.

XII

Les résultats de l'administration du Congo

Nous pouvons maintenant, sans doute, nous faire une idée de ce qu'est l'« administration » au Congo : un pillage sans frein, un labeur sans relâche et sans espoir, qui ne prendra fin que lorsque le pays lui-même aura fini de produire la liane du caoutchouc, lorsque la population aura continué de décroître par suite de la misère et de l'impossibilité d'assurer sa subsistance, malgré l'effroyable labeur auquel elle est astreinte. Et tout cela est strictement, inexorablement réglementé et systématisé à Bruxelles, tout cela se fait au nom de l'Etat. L'extorsion change de nom et devient « contribution », le pillage est une « expropriation » au nom du souverain, dont la caisse reçoit depuis vingt ans le produit net de l'asservissement du Congo. Nul ne songe à employer tout ou partie de ces millions dans l'intérêt des indigènes. Tout cela doit servir à la

« civilisation », c'est-à-dire au développement du système d'exaction le plus moderne et le plus perfectionné : chaque goutte de sang africain s'écoule vers Bruxelles.

Les chiffres sont souvent plus éloquents que les paroles. En 1907, le Congo, avec une importation de 33 millions seulement, a exporté plus du double : 77 millions. Cela veut dire qu'on a pris au pays 77 millions de produits pour lui donner si peu que rien.

Ces 77 millions représentent le produit du travail de tout un peuple, encaissé par l'Etat sous forme de contributions. Or, ce peuple est trop pauvre pour rien acheter, de sorte que l'importation consiste surtout en machines et engins de toute espèce dont l'Etat se sert pour l'exploitation du pays. M. E. Vohsen oppose à cette exploitation officielle un commerce colonial normalement conçu et pratiqué, celui des colonies allemandes, avec une exportation de 31 millions et une importation de 122 millions.

Pour compléter le tableau, il faudrait connaître les sommes que peut produire ce système d'exaction appliqué à tout un royaume. Morel a essayé d'évaluer ce revenu ; mais cette évaluation est presque impossible. Quelques détails seulement ont été publiés ; tout le reste est conjecture. Le professeur Cattier, du parti royaliste belge, estime à un minimum de 71.343.214 francs pour dix ans le revenu de ce que Léopold appelle le

« Domaine de la Couronne », et qui forme peut-être le tiers du pays. Le ministre de Smet de Næyer ne l'estime toutefois qu'à 18.000.000. Comment savoir ? Cependant, on peut tirer une indication de la situation financière de la Compagnie A. B. I. R., dont nous avons déjà dit qu'elle pousse à l'extrême l'oppression des indigènes et que Léopold II est de moitié dans ses opérations. Or, en dix ans, cette compagnie a réalisé un bénéfice de 18.004.172 francs, ce qui fait une moyenne de 3.000.695 par an. Ses actions de 500 francs (20 livres sterling) valaient en 1899 17.950 francs, et en 1900, 25.250 francs, tandis que, dans la suite, elles tombaient à 188 francs, le caoutchouc du territoire de l'A. B. I. R. étant épuisé.

Voici encore quelques indications sur le produit du caoutchouc congolais vendu à Anvers, à l'exclusion de celui provenant du terrain des sociétés concessionnaires et du Domaine de la Couronne qui nous est inconnu :

1895	Fr.	5.500.000
1896	»	6.000.000
1897	»	8.500.000
1898	»	9.000.000
1899	»	19.130.000
1900	»	14.991.000

Pour 1904 avec 27.000.000 et pour 1905 avec 24.000.000 l'indication concerne la totalité de la production du Congo, d'après les calculs du Père Vermeersch.

XIII

Dépopulation

Nous avons encore un mot à dire de la dépopulation dont souffre le Congo, par la faute du plus grand maître d'esclaves que l'histoire ait jamais connu. Tout ceux qui le peuvent fuient le joug de Léopold. M. de Lamothe, gouverneur du Congo français, où, malheureusement, la situation des indigènes n'est pas brillante non plus, vu l'influence d'un exemple trop rapproché, affirme (1900) que 30.000 indigènes de l'Etat du Congo ont émigré sur le territoire français, parce qu'ils ne pouvaient plus supporter les mauvais traitements dont on les accablait.

Du Stanley-Pool à Nouvelle-Anvers, et plus loin encore, les rives du fleuve sont presque entièrement dépeuplées. La population — comme dit le rapport de la commission royale d'enquête — a pour ainsi dire fondu, par suite des enrôlements incessants de soldats et d'ouvriers. Toute confiance a disparu ; on préfère s'enfoncer dans la forêt vierge et y mourir.

En novembre 1897, le missionnaire Weeks, de la mission baptiste britannique, reprochait déjà au commissaire du district de Bangala d'avoir, malgré une inondation qui empêchait toute culture, exigé une forte contribution mensuelle de « cassave » (manioc), d'huile, de volailles et de chèvres, de sorte que les habitants, pour pouvoir la fournir, durent acheter à haut prix la cassave dans des districts épargnés par l'inondation, et que la famine règne actuellement dans le pays. Il n'est pas sans intérêt d'apprendre de la commission royale d'enquête elle-même, dont nous aurons encore à parler plus loin, que cet accommodement, si cruel qu'il fût, n'empêcha pas les troupes noires et les gardes de Léopoldville, ainsi que les prisonniers de Bangala, de souffrir de la faim pendant plus de vingt-quatre heures. En 1903, Weeks écrit : « Lorsque, en 1890, nous nous installâmes à « Monsembi, la population de cette station et « de Bokongo comptait plus de 7000 âmes. En « 1900, il y en avait un peu plus de 3000 ; « aujourd'hui, à peine dépasse-t-elle le millier. « Dans cinq ans, elle sera complètement ané- « antie.

« Actuellement, le district tout entier ne « compte que 9400 habitants. On en a tiré la « moitié des forêts pour les envoyer peupler les « rives du fleuve. En 1885, Stanley évaluait à « 80.000 âmes le total de la population ; en 1890, « nous l'estimions à 50.000. En treize ans, elle « est tombée au-dessous de 5000. Et il en est de « même sur tout le cours supérieur du fleuve : « là où il y avait jadis le millier, il n'y a plus « que la centaine... »

Le consul anglais R. Casement rapporte que,

dans les villages voisins des grands lacs *(The Lake side towns)*, la population, à la suite de quatre ou cinq années de guerre, toujours à cause du caoutchouc, accuse une diminution de 60 à 70 % sur celle des dix années précédentes. La population de Bolobo, autrefois si florissante, est tombée de 40.000 à 7 ou 8000. Elle était jadis renommée pour son habileté commerciale. Aujourd'hui toutes les grandes embarcations ont disparu, et avec elles l'industrie. Tout au plus y fait-on encore la chasse aux hippopotames pour subvenir à sa subsistance.

Peut-on s'étonner que des missionnaires et le consul anglais Casement constatent que les naissances diminuent et que souvent « la femme refuse de devenir mère » sous ce régime de terreur ?

Ce chapitre — sombre entre tous — est longuement traité dans le rapport de la commission d'enquête. Mais, ici comme ailleurs dans ce document, on constate un courant et un contre-courant. D'une part, le rapport prétend que, si l'on en croit les missionnaires protestants (les Rév. Jos. Clark et J. H. Weeks du « Domaine privé »; *Red rubber*, p. 71 et dépositions p. 125), les femmes évitent d'avoir des enfants pour se soustraire plus facilement aux attaques des expéditions militaires. D'autre part, ce même rapport affirme que c'est une ancienne coutume superstitieuse, entretenue par les féticheurs, et à propos de laquelle il se livre à tout un exposé ethnologique. Rien de plus inattendu que cette savante digression de la commission d'enquête en présence de cette assertion formelle des missionnaires : qu'avant l'introduction du travail forcé et illimité, le nombre des naissances égalait au moins celui des décès et que la population allait en augmentant, tandis que, depuis, dans certains districts, les naissances sont devenues à peu près nulles. Ecoutons le Rév. Weeks :

« La commission fit alors des observations sur
« le petit nombre des naissances et me demanda
« si j'en connaissais les causes.

« Alors, je parlai de nouveau de l'angoisse
« terrible continuellement provoquée par la con-
« tribution bimensuelle ; j'affirmai que, dans de
« telles conditions, les femmes ne voulaient pas
« d'enfants, et que, d'ailleurs, le recrutement
« forcé des soldats et des ouvriers avait privé
« les villes des forces viriles nécessaires au main-
« tien de la population, sans le moindre égard
« au chiffre de celle-ci. »

On peut s'étonner qu'une telle frénésie d'extorsion et d'exaction exclue tout souci de conserver ou d'augmenter les ressources et les forces du pays subjugué. On cherche évidemment à suivre un illustre exemple : « Après moi le déluge ! » Puisque, aujourd'hui, nous pouvons encore ramasser des millions, ramassons-les ! Dieu aura soin du lendemain !

XIV

Les maladies

Il est évident qu'une misère aussi profonde, que le défaut de sécurité personnelle, l'épuisement causé par des travaux accablants et sans relâche, là disette provenant du séquestre des provisions en faveur de l'Etat, et la dépression morale et mentale qui résulte de tout ce qui précède, ne peuvent que prédisposer cette population à des maladies épidémiques. A qui sait lire entre les lignes, le rapport de la commission d'enquête laisse entrevoir qu'on s'est efforcé de faire croire aux hauts commissaires que la dépopulation n'avait d'autre cause que des maladies accidentelles, sort commun de tous les mortels, en dehors de toute responsabilité de l'administration.

Mais les témoins interrogés, en particulier les missionnaires, qui connaissent l'état de la population avant et après l'oppression, dénoncent la véritable source du mal.

Avant l'asservissement, en 1882, le Rév. J. H. Weeks avait trouvé à Monsembi, dans le territoire du « Domaine privé », une population soumise à des conditions normales d'existence ; le nombre des naissances était au moins égal à celui des décès ; les indigènes ne souffraient pas de la maladie du sommeil. « Le premier cas

« de cette maladie fut constaté en 1892, et un
« petit nombre de cas seulement furent signalés
« avant la perception des lourdes contributions.
« Dès lors, les décès ont augmenté à cause du
« manque de nourriture et de la façon dont on
« pourchasse les indigènes. L'inévitable contri-
« bution bimensuelle est devenue un cauchemar
« écrasant pour le peuple, désormais en proie à
« toutes les maladies. » Il y avait eu autrefois
des épidémies de la maladie du sommeil, mais
la population s'en était guérie, comme le prou-
vent les termes indigènes qui désignent depuis
longtemps cette espèce de mal.

En 1905, le Rév. Ruskin déclare que, il y avait
environ quatre ans, ce fléau était inconnu dans
le Balolo. Aujourd'hui, nul ne résiste, par suite
du défaut de nourriture et de repos, et à cause
des intempéries. Les indigènes ont perdu le goût
de la vie, ils succombent à la terrible léthargie
qui les accable. Le Rév. Weeks attribue aussi
les ravages de cette maladie à la prostration
morale résultant de l'esclavage sans espoir qui
pèse sur le peuple. Dans ces conditions, la vie
ne présente plus aucun intérêt.

D'après le Rév. Gilchrist, à Loulanga (Domaine
privé et concessions), ce sont les maladies de
poitrine, pneumonie, etc., qui emportent le plus
de gens. Les indigènes se réfugient dans les
îles, vivent en plein air, exposés à toutes les
intempéries, prennent froid et contractent toute

sorte de maladies. « J'ai assisté à la perception des impôts de l'Etat, après quoi il ne restait plus aux indigènes que des feuilles à manger. »

Chose étonnante ! le souverain du Congo a paru une fois s'intéresser à la maladie du sommeil.

En juin 1906, après l'enquête et à l'époque des décrets de réforme, il offrit à l'Ecole de médecine tropicale, à Liverpool, la somme de 1000 livres sterling et lui en promit 12.000 autres : Si Dieu, disait à peu près Sa Majesté, me donnait la satisfaction de vaincre cette maladie, je serais en état de me présenter devant son trône de justice en lui offrant une des plus belles œuvres de ce siècle, et la foule de ceux que j'aurais sauvés appellerait sur moi sa grâce.

Si vraiment ce souverain est animé de sentiments aussi humanitaires, on se demande pourquoi il n'a pas préféré, il y a bien des années, interdire les atrocités qui sont la cause directe de ces épidémies, comme aussi du bénéfice colossal dont cette aumône n'est qu'une partie infinitésimale.

On se demande comment il est possible que M. Vandervelde, lors de son voyage en 1908, ait trouvé que l'hospitalisation est révoltante et consiste, à côté de bâtiments solides pour les blancs, en misérables huttes en osier où le vent pénètre, pour les noirs.

XV

L'éducation par la chaîne et la chicotte.

La civilisation du Congo, le relèvement matériel et moral de son peuple, tel est le but essentiel que Léopold a préconisé à la face du monde. Comment donc, pendant vingt années de domination européenne, a été faite cette éducation d'une nation vierge encore de toute influence étrangère ? Consultez le règlement disciplinaire en vigueur pour toutes les catégories de travailleurs, c'est-à-dire pour toute la population.

Pour réprimer toute infraction à la discipline, c'est-à-dire, en style congolais, tout retard ou toute insuffisance des livraisons de caoutchouc et des « chiqwangues » (rations de pain), tout oubli, toute faiblesse, tout ce qui peut déplaire aux gardes-chiourme auxquels ces malheureux sont livrés corps et âme, il y a les trois peines suivantes :

1º La retenue extraordinaire jusqu'à un mois ;

2º L'application au bas des reins de quatre à cinquante coups de fouet (chicotte) ; on ne doit pas dépasser vingt-cinq coups par jour, et l'exécution doit être suspendue s'il se produit une plaie ou une syncope ;

3º Le travail à la chaîne, d'un jour à un mois, avec détention dans un « local déterminé », du coucher au lever du soleil.

Avec l'élégance de style qui distingue toute la législation congolaise, le fouet dont il s'agit est défini « une lanière de cuir lisse », ce qui, sans ambages ni circonlocutions, désigne simplement la terrible cravache en peau d'hippopotame, l'instrument de torture le plus barbare qui se puisse trouver dans la barbare Afrique, dont le législateur lui - même prévoit qu'elle produit plaies et syncopes, et qui, comme notre compatriote M. Bersot l'a constaté sur place, peut mettre à nu les muscles du dos et les glandes rénales, marquant ainsi le peuple des stigmates et des cicatrices de sa servitude.

Nous n'ignorons pas que là où cohabitent noirs et blancs, il se produit des crimes atroces, des actes d'une brutalité révoltante qui appellent des châtiments corporels, et nous nous défendons d'une sentimentalité outrée. Mais ici le cas est tout différent : il s'agit de la chaîne et du fouet considérés comme instruments disciplinaires, comme moyens d'éducation, d'un usage normal et constant d'un bout à l'autre de l'année et de cet empire d'iniquité, sur une étendue qui égale la distance de Paris à St-Pétersbourg. C'est, en un mot, l'avilissement systématique de la race noire dans le pays noir. C'est l'éducation par le fouet, telle qu'elle n'a jamais été pratiquée depuis que les Pharaons ont érigé leurs monuments au bord de ce même Nil où Boula Matari fait fustiger ses travailleurs.

La commission royale d'enquête **ayant inter-**rogé là-dessus un des directeurs d'une compagnie congolaise, celui-ci a répondu que ce système est nécessaire pour obtenir des noirs la somme voulue de travail. Mais où donc est la nécessité, pour l'Etat du Congo et ses compagnies, de pousser à ce point l'exploitation d'un peuple et d'exiger de lui un travail surhumain auquel il succombe ? Et quel peut être l'effet moral d'un pareil traitement ? « La chicotte, dit M. Lefranc, « a l'inappréciable avantage d'avilir le noir, de « le ravaler au-dessous des animaux, que jamais « on n'oserait ainsi torturer, et de le contraindre, « jusqu'à ce que mort s'ensuive, à un travail « de bête de somme. »

Sans doute, le chef de poste qui recourt à un pareil « stimulant » croit, de plus ou moins bonne foi, que le noir n'a pas d'âme, ou qu'il n'en a pas assez pour prendre de bien haut une ration quotidienne de coups au bas des reins. Il se trompe, et ce qu'il y a de plus déplorable, c'est que les législateurs du Congo, un roi, un gouverneur général, des conseillers vénérables, des juristes éminents, n'ont pas su s'élever à un niveau supérieur à celui de simples gardes-chiourme, et n'ont pas songé que l'éducation d'un peuple est impossible quand on commence par détruire en lui toute dignité humaine.

Ici, comme partout, nous nous heurtons au préjugé qui considère le noir comme un être inférieur. Ce préjugé n'est d'ailleurs pas une excuse, car il a sa racine dans l'iniquité du blanc, qui estime n'avoir plus à ménager le noir, dès qu'on pose en axiome que son âme est à peu près intermédiaire entre celles du blanc et du plus intelligent des animaux.

Malheureusement pour le noir, son âme est aussi sensible que la nôtre à la douleur morale ; il a, comme nous, son amour-propre, différent du nôtre, mais aussi vif, aussi susceptible, aussi vulnérable, et plus difficile à guérir et à cicatriser.

A part l'œuvre des missionnaires, l'éducation que le souverain du Congo ait daigné donner à ses sujets est principalement celle de la chiourme. On a brisé l'âme de ce peuple à coups de crava-che. Comment guérir ses plaies ? comment le relever de son abrutissement ? Va-t-on, pour cela, lui imposer de nouveau les travaux forcés à perpétuité ? Telle est la question, une des plus graves qui se soient jamais posées, que nous adressons au peuple belge, qui en a pris sur lui la responsabilité.

XVI

**Les témoins oculaires des atrocités congolaises.
Activité déployée par E. D. Morel.**

Naturellement, ceux des Européens qui ne faisaient pas partie de l'administration ont élevé la voix contre de pareils abus ; seulement, comme ils n'étaient pas au courant de la machinerie et qu'ils en ignoraient le suprême *primum movens*, ils eurent la naïveté, pour obtenir des réformes, de s'adresser aux fonctionnaires secondaires, puis aux fonctionnaires supérieurs. Cela fit un très mauvais effet ; et là où le sang répandu criait trop haut vengeance, M. le gouverneur général se fâcha et adressa de vives réprimandes aux chefs de districts, leur recommandant de ne pas aller trop loin.

C'est ainsi que, le 7 novembre 1893, ce haut fonctionnaire adresse à ses subordonnés une circulaire pour se plaindre de palabres, d'expé-ditions guerrières, d'assassinats dont on ne s'est pas donné la peine de lui faire rapport ; les agents procèdent de leur chef à des exécutions sommai-res ; ce sont là des excès déplorables qui doivent cesser, « car si l'arbitraire individuel se substitue à la loi, nous tomberons, dans quelques parties du Domaine, au-dessous de ces sauvages que nous prétendons gagner à la civilisation. »

Cela était fort bien pensé et fort bien dit ; mais tout demeura comme devant.

Les plus anciennes plaintes portées à l'admi-nistration remontent à 1890. Il me souvient cependant que, antérieurement déjà, un savant allemand, M. Peschuel-Lösche, ayant voulu adresser au roi un rapport sur les atrocités com-mises au Congo et demandé une audience à cet effet, n'a pas été admis à cette faveur.

L'Application
de la Chicotte

A partir de 1891, il y a dans toute l'administration du Congo un redoublement de sévérité, dû à des ordres secrets du gouvernement, par lesquels celui-ci déclare sa propriété absolue la production totale du pays, et d'où dérivent aussi toutes les circulaires et tous les règlements de cette année et des années suivantes. L'effet immédiat de ce décret, qui insiste avec force sur l'augmentation constante et progressive de la production du caoutchouc, est attesté par une recrudescence de plaintes et de protestations.

En février 1891, la Société géographique de Manchester avait déjà reçu d'un négociant de Yambaya un rapport constatant que le pays était ruiné. « Les passagers du paquebot *le Roi des Belges* ont pu se convaincre par eux-mêmes que, à partir de Bontya — qui est à une demi-journée de steamer en-dessous d'Upoto, notre station — il ne reste plus un seul village jusqu'à Bomuba, c'est-à-dire à la distance d'une journée de voyage en bateau à vapeur à travers une contrée jadis opulente, aujourd'hui complètement ruinée. »

A la suite des décrets secrets de 1891-92, concernant le caoutchouc, affluèrent les plaintes de tous les missionnaires des nationalités les plus diverses : Anglais, Américains, Irlandais, Danois, Suédois, etc.; plaintes ininterrompues toujours adressées de la manière la plus loyale aux autorités mêmes du Congo. Quel accueil leur fut réservé ? Un membre de la mission baptiste américaine, nommé Sjöblom, fut menacé par le gouverneur général de cinq ans de prison pour avoir porté plainte au sujet de 45 villages incendiés et de plusieurs centaines d'assassinats. Alors, aidé par quelques Anglais de ses amis, il recourut à la publicité, et, bientôt après, M. E. D. Morel, l'instigateur, avec M. Fox Bourne, de cette nouvelle campagne anti-esclavagiste, réunit toutes ces plaintes dans une revue, le *West African Mail*, et, plus tard, dans les bulletins de la *Congo Reform Association* fondée en 1904. C'est littéralement une mer de sang et de larmes ; car le « système » est toujours en vigueur — on ne saurait trop le répéter — depuis tantôt vingt ans, avec l'infaillible précision de nos procédés modernes.

Il est possible, il est même vraisemblable que les directeurs de cette entreprise ne se proposent — *bona fide* — que la civilisation matérielle de leur patrie, et qu'ils ne considèrent pays et peuple — surtout lorsqu'il s'agit de cette Afrique si misérable et si indolente — que comme une tourbe qui doit s'estimer heureuse et glorieuse d'être consumée pour un si beau développement. Mais, Dieu en soit loué ! cette manière de penser n'est pas encore générale ; notre devoir est de la combattre et d'entraîner avec nous dans la guerre sainte l'innombrable foule des faibles, des las, des indifférents.

Dans certaines régions, on met en doute la pureté et la sincérité des intentions de Morel et de ses partisans, et le Bureau de la presse léopoldienne ne laisse pas de faire remarquer qu'il ne s'agit pas là d'humanité, mais de la jalousie du commerce anglais à l'égard d'une entreprise qui devait le supplanter en Afrique, où il se croyait déjà le maître du Cap à la Méditerranée et de l'est à l'ouest. Il est naturel que l'armateur et le marchand anglais ou allemand se voient avec déplaisir interdire au Congo un vaste champ d'activité commerciale, grâce à un monopole effectif qui en réserve les produits à l'Etat belge, tandis que l'Acte de Berlin leur garantit expressément la liberté du commerce dans le bassin du Congo. Mais qu'est-ce que cela peut nous faire? Pourquoi cette rivalité politique et commerciale empêcherait-elle des philanthropes de combattre, par la plume et par la parole, l'asservissement et la terreur qui règnent au Congo? Que nous importe à nous, humbles continentaux, la lutte des grandes puissances financières de Londres et d'Anvers? A quiconque poursuit un but idéal, il est indifférent à savoir qui retire le plus de profit de l'ivoire et du caoutchouc. Nous ne demandons qu'une chose : que ces profits ne résultent pas de la destruction d'un peuple et ne soient pas le résidu de torrents de sang.

Qui le croirait, toutefois?... Oui, si étrange que cela puisse paraître, il y a des voix qui entonnent des hymnes de louanges à l'adresse de l'administration du Congo, et qui célèbrent la situation de ce pays comme la plus agréable et la plus enviable du monde ! Pourquoi pas ? Les globe-trotters ont le coup d'œil superficiel, et il suffit de constater l'état florissant du Congo inférieur pour se sentir charmé, sans arrière-pensée. Là, en effet, pas de caoutchouc, point d'atrocités ; elles y feraient vraiment mauvais effet. D'ailleurs, les délices du Bas-Congo ne sont accessibles qu'à nous autres blancs ; comment le nègre « sale et paresseux » y serait-il sensible ? Le voyageur ignore le chemin de sa hutte et de sa misère ; il ne comprendrait rien à son jargon. D'ailleurs, une entreprise grandiose et florissante comme celle de l'Etat libre du Congo n'a pas besoin de chercher bien loin des panégyristes de parti pris ; cette marchandise se trouve partout à bon compte.

Le mutisme des fonctionnaires revenus du Congo, leur refus habituel de décrire les atrocités commises dans leur district, ou même seulement de les admettre, est un problème psychologique assez facile à résoudre. Il est désagréable, en Suisse, de parler d'un état de choses si contraire à nos mœurs et d'avouer qu'on en a été, même indirectement, responsable. Il y a de braves gens aussi qui ont le talent de ne rien voir et d'ignorer des choses qui, du premier coup, en feraient tomber d'autres à la renverse[1].

---

[1] D'ailleurs, le *Règlement général pour le personnel de l'Etat*, dit ceci : « L'obligation de garder le secret professionnel subsiste, comme engagement d'honneur, même après que les agents ont quitté le service de l'Etat Indépendant. »

Le Bas-Congo joue le rôle d'un paravent aux belles peintures ou d'un tapis de Potemkin pour épargner à la délicatesse des voyageurs internationaux la nausée que pourrait leur donner l'odeur du sang et des cadavres en décomposition là-bas, sur les rives du fleuve supérieur.

XVII

L'alcool

Quelques partisans du « système », parmi lesquels la commission royale d'enquête elle-même, font ressortir, comme un bienfait du régime congolais, la prohibition des boissons spiritueuses et leur interdiction aux indigènes de l'intérieur. Si cette mesure est réellement appliquée, comme on l'assure, nous n'en contestons pas l'utilité. Que serait-ce, si les ravages de l'alcool venaient mettre le comble aux misères imposées à cette infortunée population? Toutefois, il sera prudent de ne pas trop s'extasier devant cette magnanimité. Car ce n'est point un mérite personnel de Léopold, mais simplement une obligation internationale à quoi se sont soumises toutes les puissances coloniales de l'Afrique tropicale, y compris l'Etat Indépendant du Congo, en signant l'Acte dit de Bruxelles, du 2 juillet 1890, dont les articles 90-95 interdisent l'entrée ou la fabrication de boissons alcooliques dans les régions où l'usage n'en existe pas ou ne s'en est pas développé. Seules, les populations non indigènes, c'est-à-dire les blancs, ne sont pas soumises à cette interdiction.

Et si l'Etat du Congo n'a pas violé cet Acte, comme il a fait celui de Berlin, c'est qu'il en avait de bonnes raisons ; car en refusant aux noirs toute propriété, même la libre disposition de leur travail, on les a mis dans l'impossibilité d'acheter des spiritueux. En les forçant à livrer le caoutchouc à titre de contribution, on n'a pas besoin de l'échanger contre des bonbonnes d'eau-de-vie. Il est bien plus simple, comme le dit fort bien Pierre Mille, de ne pas payer du tout les produits du sol congolais que de les payer en alcool, et des esclaves non alcoolisés sont plus appliqués et plus durs à la corvée.

XVIII

Un palliatif

Un jour vint, enfin, où le gouvernement du Congo ne put plus décemment fermer l'oreille à l'orage des plaintes et des récriminations. Le 18 novembre 1903, un décret fut publié, d'après lequel le travail forcé, jusqu'alors illimité, était réduit à quarante heures par mois, soit à deux mois par an. On peut discuter si la durée de cette corvée la rend supportable ou non, surtout quand on apprend qu'il ne s'agit pas là du travail seulement, mais encore de la préparation et du transport d'une énorme quantité d'aliments. D'ailleurs, nous savons, par la commission royale d'enquête elle-même, que les effets... humanitaires de ce décret furent à peu près annulés par une circulaire du gouverneur général, du 29 février 1904, et que le travail illimité fut repris, car on informe les commissaires de districts que l'application de la nouvelle loi sur les travaux forcés (prestations) ne doit pas seulement avoir pour effet de sauvegarder les résultats des années précédentes, mais encore produire une augmentation ininterrompue de bénéfices pour le fisc. Il était donc, de toute évidence, impossible de réduire au sixième le travail permanent sans s'exposer à des pertes. Autrement dit, cette loi est purement et simplement inapplicable. La commission royale elle-même constate, en effet, que la quantité de caoutchouc réclamée chaque quinzaine permet à peine deux ou trois jours de repos en quinze jours, de sorte que, ajoute M. Morel, l'ouvrier doit travailler environ 286 jours par année.

XIX

La commission royale d'enquête

En tout cas, ce n'est pas avec des palliatifs de ce genre que l'on pouvait gagner l'opinion publique. C'est pourquoi, à la suite des remontrances de l'Angleterre, Léopold se vit enfin forcé de convoquer une commission royale d'enquête, chargée de rechercher la vérité sur les lieux mêmes, de fermer la bouche aux calomniateurs et de proposer des réformes.

Cette commission, composée d'un Italien, le baron Nisco, haut fonctionnaire congolais, d'un magistrat Belge, M. Janssens, et d'un conseiller d'Etat Lucernois, M. E. von Schumacher, parcourut le Congo, d'octobre 1904 à février 1905, jusqu'aux chutes de Stanley, entendit des centaines de témoins, prit connaissance de tous les documents relatifs à la question, et, après un labeur vraiment héroïque — aux suites duquel notre concitoyen von Schumacher a succombé dernièrement — est arrivée à un résultat vraiment désastreux pour l'administration du Congo; car elle dut déclarer entièrement fondées les accusations et les revendications des missionnaires.

Ce ne fut qu'au bout d'un certain temps, le 31 octobre 1905, que le roi se décida à publier le rapport de cette commission dans le *Bulletin officiel de l'Etat*. Quant aux suppléments, en particulier les dépositions des témoins, il les garda par devers lui ; mais M. E. D. Morel, l'infatigable secrétaire de la *Congo Reform Association*, s'en est procuré dans la suite au moins les plus importants, en s'adressant directement aux témoins interrogés, notamment à tous

les missionnaires évangéliques, et il les a publiées
en novembre 1905, dans le livre de Pierre Mille,
le Congo léopoldien. Le rapport de la commission
confirme pleinement les ravages et les crimes qui
ont partiellement dépeuplé le pays, et, se basant
sur les volumineuses dépositions de témoins, il
donne des détails qui jettent une vive lumière sur
les procédés de l'administration. On y relève
l'obligation, pour les villages circonvoisins des
grands centres comme Léopoldville, de fournir
constamment des approvisionnements à titre de
contributions d'Etat, même lorsque la dépopulation le leur rend à peu près impossible. Le
bétail (brebis et chèvres) a énormément diminué
par suite des livraisons forcées que ne compense
point un dédommagement tout à fait insuffisant.
La commission désigne comme indispensable l'af-
franchissement de la magistrature, au Congo, de
sa dépendance du pouvoir administratif qui prive
les noirs de leur appui légal contre les iniquités
des agents subalternes. Les critiques les plus sévères portent sur l'institution des « surveillants »
indigènes, qui s'entourent d'un escadron volant
de parasites et de satellites, et qui, non seulement
pour eux-mêmes, mais encore pour ces com-
parses, dérobent les aliments, enlèvent des femmes
et massacrent sans miséricorde quiconque leur
résiste. La commission estime absolument nécessaire à la prospérité de l'Etat la suppression de
ces «sentinelles» et des «capitas» (fonctionnaires

indigènes immédiatement supérieurs aux «sentinelles»), ainsi que des expéditions et des razzias entreprises à la suite de «contributions» insuffisantes. Et comme, jusqu'ici, les nègres n'ont jamais livré le caoutchouc qu'à contre-cœur, la commission propose d'accorder, à titre d'essai, le droit de récolte et de négoce libre dans un district déterminé; on pourrait alors éprouver si un autre système que celui qu'on déplore ne donnerait pas de meilleurs résultats. D'ailleurs, la commission s'en tient à cette timide proposition; elle n'attaque pas le mal par la racine et ne s'élève point jusqu'au postulat de la liberté de propriété et de travail pour les indigènes.

Nous ne lui en faisons pas trop de reproches, car la commission, elle non plus, n'était pas libre, au Congo, car, inconsciemment peut-être, elle était dépendante de l'ambiance et sous l'influence du préjugé opportuniste et si largement répandu de l'incorrigible paresse et de l'irrémédiable infériorité du noir.

Il va sans dire que le souverain du Congo n'avait pas la moindre envie sérieuse de faire droit aux propositions de sa commission d'enquête. Il s'est gardé de tenter l'essai du commerce libre dans un de ses domaines que la commission lui recommande. Il s'est gardé de faire cesser le système des concessions, au contraire, il en a créé depuis les plus étendues et les plus envahissantes. Il s'est gardé d'affranchir la magistrature de la dépendance honteuse des agents administratifs, ou d'abolir l'institution barbare et infâme des sentinelles, des capitas et d'une soldatesque composée de sauvages. Le plus clair du résultat de cette commission fut l'amère déception des noirs et de tous les gens de bien qui voyaient, dans ces trois dignitaires, dont l'un en robe rouge et un autre en robe noire et blanche, entourés d'un appareil judiciaire imposant, de véritables demi-dieux, envoyés pour leur délivrance et pour inaugurer une ère de paix, de justice et de liberté.

Les agents du Congo, au contraire, surent taxer cette mesure à sa juste valeur, car on n'a pas même respecté la promesse formelle de ne pas se venger sur les témoins des atrocités commises. Ce même chef de Bolima (son nom est Lontulu), dont nous avons relaté la déposition émouvante page 136, a été arrêté par ce même commandant H., dont les soldats avaient commis les meurtres de Bolima — arrêté pour rien, c'est-à-dire, comme le Rév. Stannard nous assure, pour le punir de sa déposition courageuse devant la commission. Ce n'est pas assez : ce même H. a intenté à M. Stannard un procès en diffamation, l'a cité devant le tribunal de Coquilhatville, l'y a fait condamner, l'a contraint à en appeler à la cour de Boma, où, grâce à la défense du consul anglais et des remontrances diplomatiques, on ne put faire autrement que de l'absoudre, après des déboires et des voyages interminables !

Enfin, pour intimider à tout jamais ces témoins malencontreux, on a promulgué au Congo une nouvelle loi, absolument draconienne, qui porte la peine pour toute calomnie envers un agent de l'Etat jusqu'à cinq années de prison congolaise, peine que l'ancienne loi avait fixée à une année seulement.

XX

Préjugés européens

A ce préjugé de la supériorité intellectuelle du blanc sur le noir, nous pouvons opposer un portrait plus fidèle du caractère nègre, tel qu'il résulte d'une expérience de vingt années faite en prenant part aux travaux des missions de la Côte d'Or et du Cameroun. Nous nous en référons aux témoignages d'un grand nombre de missionnaires de tous pays, qui ont passé leur vie au milieu du peuple noir et qui, plus que bien d'autres, ont exploré les replis les plus cachés de son âme. Ils lui parlent sa langue, ils partagent son existence, leur unique ambition est de lui être utiles. Beaucoup sacrifient leur vie à cet idéal. Quel motif auraient-ils de faire de lui une peinture inexacte et tendancieuse ? La commission elle-même constate les rapports étroits qui unissent la mission à ce pauvre peuple, et elle le fait dans des termes qui sont tout à l'honneur des missionnaires :

Souvent l'indigène, au lieu de s'adresser à son protecteur naturel, le fonctionnaire, recourt au missionnaire, quand il croit avoir quelque motif de se plaindre d'un agent du pouvoir exécutif. Le missionnaire l'écoute, lui vient en aide selon ses moyens, et se charge d'être l'interprète de toutes les plaintes du district. De là l'extraordinaire influence qu'exercent les missionnaires dans quelques parties du territoire. Ainsi le missionnaire devient pour l'indigène l'unique représentant du droit et de la justice. A l'autorité que lui donne son zèle religieux, il joint le prestige que, dans l'intérêt de l'Etat même, devraient revêtir les fonctionnaires.

On ne nous en voudra pas sans doute, si nous ajoutons : « Il ne tient qu'aux fonctionnaires, ou plutôt à ceux dont ils dépendent. »

Quoi qu'il en soit, et qu'on approuve ou non leur but, on ne peut s'empêcher de reconnaître que les missionnaires ont de l'expérience et une connaissance approfondie du peuple noir. Cette expérience leur a appris que le nègre est sensuel, léger et vaniteux, qu'il peut paraître paresseux au novice qui ignore l'influence du climat et qui juge à l'européenne, sans tenir compte du caractère si spécial et de la simplicité de la vie sylvestre. Mais dès que des relations plus amicales et plus suivies ont initié le nègre aux avantages de la civilisation, il prend goût au commerce et à l'industrie. A condition qu'on le traite bien, il

produit tout ce qu'on veut, et en aussi **grandes**
quantités qu'on le désire ; il en profite lui-même
et se plaît à cette façon de s'européaniser. Sa
prétendue paresse se mue en une activité aiguil-
lonnée d'amour-propre, dont le revers est, il est
vrai, l'orgueil et la prodigalité. Dans les villes,
le nègre se « dandyfie » avec une rapidité étonnante, ce qui ne l'empêche pas de cultiver ses
huiles et son cacao et d'en retirer de gros bénéfices ; mais tout cela dépend du maître, de
l'Européen. Ceux qui accablent le peuple entier,
depuis le grand chef jusqu'au petit enfant, sous
la « chicotte » et leur coupent les mains pour les
corriger de leur paresse, les dégoûtent à jamais
de travailler pour le blanc.

Ajoutons que l'opinion des missionnaires est
partagée par les négociants en gros les plus
importants de l'Afrique occidentale, dont les
domaines ne sont pas administrés suivant le
« système » du Congo.

Les missionnaires ont, d'ailleurs, profité de la
présence des hauts commissaires royaux pour
leur donner une preuve *ad hominem* de l'aptitude
des Congolais à tous les métiers et de leur application au travail sous une direction bienveillante.
A cette question de la commission : « Faut-il
forcer les indigènes à travailler ? », le Rév.
Weeks, de Monsembi, répondit : « Voyez nos
« stations missionnaires, les bateaux à vapeur, etc.,
« construits sans l'expédient du travail forcé. » —

« Cette réponse et bien d'autres firent une vive
« impression. Les commissaires n'avaient jamais
« songé que tous nos travaux étaient exécutés
« par des ouvriers volontaires. Je leur montrai,
« à 5o mètres de leurs steamers, des jeunes gens
« occupés à fabriquer des tables et des chaises.
« Je leur dis qu'ils travaillaient bien, parce qu'ils
« étaient protégés et sûrs d'être payés. Si l'on
« garantit aux indigènes un juste salaire et la
« certitude de n'être pas volés, ils travailleront
« sans qu'on les y oblige. »

Ecoutons encore, sur l'aptitude du noir au
travail, la voix la plus autorisée de toutes, celle
du colonel Thys, créateur du chemin de fer du
Congo. Pour la ligne de Matadi au Stanley-Pool,
il y avait 6000 à 9000 ouvriers noirs, y compris les indigènes du Congo, dont le nombre
n'a cessé d'augmenter :

« Les rapports entre blancs et noirs sont
« excellents. Les châtiments corporels sont stricte-
« ment défendus, et quand un agent inférieur
« frappe un noir, il est déféré à la justice.
« D'ailleurs, le cas ne se présente pour ainsi dire
« jamais. Du haut en bas de l'échelle, chacun
« est convaincu que la brutalité à l'égard des
« nègres est un système déplorable, et d'autre
« part, les noirs, persuadés des intentions for-
« melles de la direction, ont pris pleine conscience
« de leurs droits. »

A ce passage du rapport de Thys, le rédacteur

de la revue *A travers le monde* (1898) ajoute ces mots significatifs :

« A ce point de vue aussi, la construction de
« la ligne du Congo marquera une date dans
« l'histoire moderne de l'Afrique. Il est prouvé
« que le noir peut travailler, et même qu'il aime
« le travail, lorsqu'il est dirigé par des chefs
« humains, bien logé, bien nourri et payé équita-
« blement. »

Quelle accablante leçon administrée à cet Etat libre du Congo tout entier, « de son souverain « et de ses hauts personnages jusqu'au dernier « palefrenier et saute-ruisseau blanc » (Lefranc), qui soutiennent avec obstination qu'on ne peut faire travailler le noir que sous la chicotte !

XXI

Le Décret réformiste du 3 juin 1906

Quel a donc été le résultat pratique de l'enquête de la commission royale pour le bien des indigènes de l'Afrique centrale ? Sans doute, cette commission regardait déjà comme un fait acquis la diminution des cruautés d'antan, et elle ajoute que l'administration n'admet pas que les excès censurés soient la règle générale. Plût à Dieu qu'il en fût ainsi ! Les apparences du moins y étaient.

Afin de délibérer sur d'éventuelles réformes,

le roi Léopold nomma, le jour même de la publication du rapport de la commission d'enquête, le 31 octobre 1905, une nouvelle commission, composée presque exclusivement de hauts fonctionnaires du Congo, et, le 3 juin 1906, parut un décret royal, qui, soit au Congo, soit à Bruxelles, fut généralement qualifié de « décret réformiste ».

Sur la teneur de ce décret, le *Bulletin officiel de l'Etat Indépendant du Congo* du 22 mai 1907 donne les renseignements suivants :

« Un décret du 3 juin 1906 divise le contingent « militaire annuel en deux sections, dont l'une « représente la force armée, et dont la seconde « est formée par les ouvriers nécessaires à l'exé- « cution des travaux dits « d'utilité publique » ; « il fixe les droits et les devoirs de ces ouvriers. « La durée maximum de leur service est de cinq « ans. »

Pour 1907, l'effectif total de cette seconde section est de 2550 hommes, et pour 1908, — d'après le journal catholique belge *le Patriote,* — de 2200.

N'oublions pas, toutefois, à quel point est élastique l'expression « d'utilité publique », et avec quelle vivacité les gouverneurs du Congo ont insisté jusqu'ici sur l'« utilité publique », avant toute autre chose, de la production du caoutchouc. L'utilité publique est un manteau commode dont on peut couvrir les pires exactions. Jusqu'ici on n'a employé les indigènes du Congo à aucun travail vraiment civilisateur ; on s'est borné à les vouer à cette haute conception que se fait de la civilisation le souverain de la Belgique. Ils ne connaissent que la vie primitive de la forêt, dans leurs jardins, sur les rivières et les lacs, mieux encore sous la chicotte de l'inspecteur. Quant aux grandes routes, aux chemins de fer, aux mines, aux constructions et à tout le train d'enfer de la civilisation moderne, tout cela leur est étranger, cela ne leur dit rien, ils n'y voient qu'autant d'instruments de leur oppression. Et toutes ces choses sont « d'utilité publique » aux yeux du souverain et des nouveaux ministres du Congo ! Riantes perspectives ! Douce consolation pour les esclaves de l'Etat que d'être libérés dans cinq ans ! Comme si, après ce terme et avec l'impitoyable « détérioration du matériel », il en devait rester beaucoup !

Voici comment le juge Stanislas Lefranc — dont nous avons déjà parlé — dans ses deux brochures *le Régime congolais, opinion d'un magistrat du Congo* (Liège, 1er et 15 juin 1908) apprécie l'importance et les effets de ces soi-disant réformes :

« Bien loin qu'elles puissent apporter aucune amélioration à l'état de choses, elles ne peuvent que sanctionner légalement la chasse aux esclaves, déjà pratiquée auparavant, en la qualifiant d'« Enrôlement d'ouvriers pour des travaux d'utilité publique ».

« Autre hypocrisie : on traîne les prisonniers, la corde au cou, de leurs villages jusqu'aux mines pour y « recevoir un contrat » qui les engage pour deux ou trois ans au service de « Boula Matari » (c'est ainsi que les Congolais appellent l'Etat : littéralement, « le maître qui casse des pierres ») avec soumission volontaire de leur part à la peine du fouet.

« En se basant sur ce nouveau décret, il devient possible, dès qu'un travail est déclaré « d'utilité publique », de lever légalement et sans hésitation, par des razzias de la force armée, des milliers d'hommes et de les expédier partout où quelque nouvelle entreprise promet de gros bénéfices : lignes de chemins de fer vers la région des grands lacs, routes pour automobiles, plantations de caoutchouc, mines de cuivre du Haut-Ituri, mines de charbon d'un rendement illimité, construction de forteresses, etc., etc. Et l'on donne à ces entreprises de telles proportions, qu'il y faut non pas des centaines, mais des milliers d'ouvriers. »

Comme on le voit, rien de plus facile, désormais, pour Sa Majesté, que de se baser sur cette nouvelle loi si elle veut se procurer du « matériel humain » pour ces colossales industries.

Pour Léopold, il n'y a pas de question ouvrière ; un trait de plume, et tout est en ordre.

En voici un exemple communiqué par M. Lefranc :

« Etat Indépendant du Congo.

Léopold II, roi des Belges, Souverain de l'Etat Indépendant du Congo. A tous présents et à venir, salut. Vu Notre décret du 3 juin 1906; sur la proposition de Notre Secrétaire d'Etat, Nous avons décrété et décrétons :

Art. 1. — Les travaux de construction de la route pour automobiles de Buta vers le Nil, ainsi que les travaux pour le développement de la région de Kilo, sont d'utilité publique.

Art. 2. — Le contingent de travailleurs à recruter pour ces travaux, durant l'année 1907 est de 1450 hommes.

Art. 3. — Notre Secrétaire d'Etat est chargé de l'exécution du présent décret.

Donné à Bruxelles, le 27 octobre 1906.

Signé : Léopold.

Par le Roi-Souverain :
Au nom du Secrétaire d'Etat :

les Secrétaires Généraux :

Signé : Liebrechts.
Chevalier de Cuvelier,
Droogmans. »

Les conséquences, nous les connaissons : razzias de la troupe, massacres et incendies, pour réunir ces 1450 têtes de bétail humain — pères, frères, maris, enfants même — et les faire disparaître dans les puits des mines de cuivre ou dans les marais de la forêt vierge où doit passer la route pour les automobiles.

M. Lefranc donne d'intéressants détails sur la genèse de cette réforme, en particulier le texte du rapport officiel adressé, en janvier et février 1905 par le substitut du procureur général de Stanleyville aux autorités supérieures. On y lit que les gigantesques travaux entrepris réclament un personnel proportionné, dont la réunion, d'après le décret du 8 novembre 1888, c'est-à-dire par embauchage volontaire, est une pure utopie. Et cependant, au mépris de cette loi — donc d'une manière illégale — il y a déjà longtemps que le recrutement se fait par la force : « *les gens sont pris de force, amenés sur les travaux, où les maintiennent la peur du fouet et de la prison.* » Une nouvelle loi sanctionnant le travail forcé devrait mettre fin à cette illégalité. « Tout officier du ministère public soucieux de faire strictement respecter les lois devrait dresser procès-verbal de ses attentats journaliers à la liberté individuelle. » Comme pour l'armée, le recrutement forcé devrait être décidé pour tous les travaux « d'utilité publique ». « Ce système qui, en droit, instaurerait le travail forcé qui existe de fait aujourd'hui, *mettrait tout le monde à l'aise…* » Tels sont les conseils, dit M. Lefranc, qui ont décidé le souverain du Congo à promulguer le décret dit de réforme.

Passons maintenant à l'entretien et à la solde de ces troupeaux d'esclaves. D'après Lefranc (II, p. 42), l'usage était de renvoyer les ouvriers sans les payer, après six mois ou une année de travail exténuant. Même pour leur nourriture, ils en étaient souvent réduits à ce que leurs parents osaient leur passer en cachette. A l'époque des réformes (1906), les salaires étaient fixés — sur le papier — à un minimum de 2 fr. 50 par mois (par exemple pour les rameurs), et à un maximum de 5 à 6 fr. A ces salaires dérisoires, Lefranc oppose le prix des marchandises des magasins de l'Etat dans l'Uélé : un kilogramme de sel à 2 fr. (il y a quelques années, de 5 à 6 fr.), 250 grammes de mauvais tabac : 3 fr. 60 ; un morceau de savon de 60 grammes : 55 centimes ; un couteau rouillé hors d'usage : 1 fr. 80.

Quand un poste était endetté, il avait une manière bien originale de s'acquitter, que M. Lefranc signale comme tout à fait courante : pour éteindre des dettes de 5000 à 15.000 fr., le chef du poste se faisait livrer par les indigènes, et sans aucune rétribution, une quantité équivalente de caoutchouc et d'ivoire.

XXII

Le recrutement des employés blancs

Par quel moyen cet Etat d'esclaves recrute-t-il les fonctionnaires blancs des degrés moyens et inférieurs ?

M. Lefranc constate avec satisfaction qu'une minorité seulement de ses compartiotes remplissent ces fonctions. Le bureau principal de recrutement — dont nous nous abstiendrons de donner l'adresse — est obligé de se contenter d'un gros d'étrangers. A la suite d'une sévère condamnation prononcée par la Chambre contre le contingent congolais, le gouvernement italien a interdit à ses ressortissants de prendre du service au Congo dans la force publique, où ils étaient auparavant assez nombreux. Quant aux Français, il semble qu'on ait la sagesse d'y renoncer, à cause du voisinage immédiat. C'est donc en Suède, en Norvège et... en Suisse que retentissent le plus bruyamment les roulements du tambour recruteur. D'après les dernières statistiques, 166 Suédois, 54 Norvégiens et 94 fils de l'Helvétie font du service au Congo. Vingt-quatre professions y sont demandées. On offre aux ingénieurs 6000 fr., aux artisans 2400 fr. en moyenne jusqu'aux 4000 fr., aux porteurs de diplômes universitaires, de 2400 à 4000 fr., aux éleveurs de bétail et aux horticulteurs, de

1200 à 1800 fr., et aux expéditionnaires, de 1500 à 1900 fr., aux « sergents », fr. 1500.

Nous avons le ferme espoir qu'à l'avenir aucun Suisse n'ira chercher fortune au Congo, avant qu'un gouvernement plus humain ait amélioré la situation de cette colonie.

XXIII

Concessions de terrain aux indigènes

Le décret réformiste du 3 juin 1906 prévoit en outre l'extension de la partie du territoire accordée aux indigènes pour leur usage particulier ; car l'article 2 déclare qu'aux terrains habités, cultivés, ou affectés à n'importe quelle destination conforme aux usages du pays, pourra être ajoutée une étendue triple ou même beaucoup plus considérable. Après la répartition de ce surplus de territoire, le bureau topographique doit procéder (*Art 3*) au dénombrement des plantes de caoutchouc qui y croissent, afin de pouvoir vérifier ce que chaque indigène en possède, et pour que les propriétaires puissent recevoir du chef de poste le plus rapproché un certificat d'origine pour le caoutchouc produit par leur terrain ; après quoi, il leur est permis de faire librement trafic de ce caoutchouc.

M. Morel estime que ce règlement ne constitue aucun réel progrès. Il lui oppose d'abord la difficulté presque insurmontable de répartir les lots de terrain dans le territoire du Congo, formé en majeure partie de forêts vierges, où les poteaux de délimitation, peu après avoir été plantés, disparaissent sous une végétation exubérante. D'un côté, cette répartition exigerait un temps et des frais énormes, et, de l'autre, les résultats en seraient encore plus vite compromis qu'obtenus. M. Morel s'en réfère là-dessus à l'autorité de M. Wauters, dans la revue belge *Le Mouvement géographique*, du 26 juillet 1908, où il critique vertement la somme fantastique qu'il faudrait, en pure perte, consacrer à cette expérience. A peine les arpenteurs-experts auraient-ils emballé leurs instruments et roulé leurs tentes, que les limites des lots, péniblement déterminées en pleine forêt, seraient déjà effacées, et que l'indigène aurait déjà déménagé pour aller s'établir dans le domaine de l'Etat ; car l'indigène congolais se déplace fréquemment, et au bout d'un ou deux ans il serait déjà au delà de la limite de son lot de terre.

Mais, trois mois déjà après la promulgation du décret d'extension (comme ce fut le cas pour la « loi des quarante heures »), une circulaire du gouverneur général, du 8 septembre 1906, en donnait une interprétation authentique, qui le rendait proprement illusoire. Le gouverneur explique que ce qu'il faut entendre par domaine réservé aux indigènes, c'est la portion de territoire qu'ils ont déjà possédée sans interruption *avant* la promulgation du décret du 1er juillet 1885. Or, ce décret se borne à déclarer que les noirs doivent être confirmés dans la propriété des terrains qu'ils occupent.

Ou bien le sens de cet étonnant décret nous échappe, ou il entraîne tout simplement — et c'est ainsi que l'entend M. Morel — la négation de toute propriété assurée aux indigènes ; car où trouvera-t-on, dans les forêts du Congo supérieur, un nègre en mesure de prouver qu'il a été propriétaire d'une parcelle de terrain avant le 1er juillet 1885 ? Comme le gouvernement ne s'est jamais occupé de fixer ces droits, les prétentions des « propriétaires » à l'emplacement de leurs huttes et de leurs jardins sont des prétentions en l'air, de sorte que, d'après la loi en vigueur au Congo, les indigènes d'un royaume de deux millions de kilomètres carrés ne sont que « tolérés », par grâce spéciale, sur leur motte de terre, suivant, d'ailleurs, l'expression dont se servait, en 1903, à la Chambre belge, le premier ministre de Smet de Naeyer : « Les indigènes n'ont droit à rien ; ce qu'on leur donne est une véritable gratification. » Et cependant, depuis un temps immémorial, il existait au Congo une propriété territoriale, générale et collective, des tribus et communes villageoises, dont les limites (d'après le témoignage du vice-consul anglais Beak) avaient été reconnues par la tradition et pouvaient être, à un pied près, attestées par les indigènes.

Se basant sur ces faits, M. Ernest Vohsen, dans un excellent article du *Berliner Tageblatt* du 3 octobre 1908, demande que l'on ne considère comme domaine de l'Etat que les parties du territoire sans propriétaires reconnus ou celles sur lesquelles aucune tribu ne peut revendiquer un droit dûment prouvé ; que l'on annule les concessions territoriales au profit des sociétés.

Mais que de difficultés ne rencontrera pas un pareil partage dans un pays dévasté ! que de difficultés de s'entendre avec des gens dispersés et irrités ! La seule solution profitable aux indigènes serait de renoncer à cette organisation domaniale, de supprimer le monopole et de rétablir la liberté de commerce, conformément à l'Acte de Berlin.

XXIV

Les écoles au Congo

L'éducation du noir, ayant pour but de l'élever à un niveau aussi haut que possible, tout en respectant ses qualités particulières, son génie de race, en si parfaite homogénéité avec l'Afrique, sa patrie, voilà la tâche et le devoir des puissances auxquelles Dieu a confié le patronage de ce pays.

Pour cette éducation, qu'a fait, pendant vingt ans, l'Etat du Congo, si ce n'est de contraindre l'indigène, par la force brutale, à un labeur capable de le dégoûter à jamais de tout ce qui porte le nom de civilisation ?

La commission d'enquête nous fournit là-dessus des détails intéressants. D'abord, on a laissé subsister les écoles des diverses sociétés missionnaires établies au Congo. Puis on a créé, à Boma et à Nouvelle-Anvers, des colonies dites « scolaires », sortes de pépinières d'où, après trois ans d'une instruction moitié militaire, moitié civile, doivent sortir pour l'Etat des soldats et des employés d'administration. Mais il semble que, comme maître d'école, « Boula Matari » n'ait pas la main heureuse. En cas de besoin, on recrute des enfants orphelins de père et de mère, contre le gré des parents plus ou moins éloignés qui les ont adoptés. On tient les élèves sous la tutelle de l'Etat jusqu'à l'âge de 25 ans. Or, comme, si l'on en croit la commission d'enquête, la vie du noir ne dépasse guère 30 à 35 ans (?), c'est dire que ces jeunes gens sont réduits à une condition de minorité quasi perpétuelle, et ne touchent jamais que le salaire des soldats, quoique le travail auquel ils sont assujettis soit incomparablement plus rude que celui des soldats. En outre, cette dépendance humiliante les expose aux railleries de ceux de leurs camarades qui ne sont pas asservis à ce système. Dès lors, au lieu de constituer les éléments de cette classe conservatrice, éclairée, sympathique et utile à l'Etat, dont tous les hommes compétents réclament la formation, ces jeunes gens deviennent des mécontents, des révoltés, d'autant plus dangereux pour l'Etat qu'ils sont plus instruits.

L'Etat, du reste, ne gâte pas ses élèves. Le directeur de l'école de Boma se plaint de la mortalité amenée par le manque d'abris convenables, au point de devoir employer les élèves eux-mêmes à la construction d'une maison en briques, travail qui excède leurs forces et les détourne de toute instruction. Les gains sur le caoutchouc ne permettaient-ils donc pas une subvention décente de cette entreprise ?

D'autre part, l'Etat semble avoir peu de sympathie pour les écoles particulières dues, çà et là, à l'initiative des noirs. Dans trois villages du district de Liboko, une école a été ouverte, sur les instances réitérées des chefs indigènes et aux acclamations joyeuses de la population, et elle a compté d'abord une centaine d'élèves. Mais le « capita » ayant fait remarquer, dans un rapport adressé au fonctionnaire blanc, que la fréquentation de cette école pourrait avoir pour conséquence une diminution de la production du caoutchouc, le dit fonctionnaire la fit fermer. Et pour la rouvrir, il a fallu l'intervention du consul anglais auprès du gouverneur de la province.

XXV

Plaintes récentes

Le cri d'alarme poussé par M. Lefranc est la dernière protestation qu'ait fait entendre un fonctionnaire de l'Etat congolais, depuis les réformes dues à la commission d'enquête. C'est plutôt un *De profundis* qu'un *Alleluia*. Mais rien n'a changé au Congo.

Voulez-vous connaître les plus récentes expériences des missionnaires ? Voici, en date du 31 mars 1908, un rapport adressé aux chefs de la mission anglaise des baptistes par le Rév. W. R. Kirby, qui, au milieu de janvier, avait entrepris, de Yalemba, un voyage de prédication. Près du village de Bondo, la guerre déchaîne sa fureur ; c'est un blanc, le chef du poste de Lingomo, qui poursuit les indigènes : villages incendiés, prisons bondées, des centaines d'hommes et d'enfants, une quarantaine de femmes, la plupart avec des nourrissons dans les bras, gardés par des sentinelles en armes. Tous étaient consignés, au dire du « capita », jusqu'à ce que fût livrée la quantité voulue de caoutchouc. La population gîtait dans la forêt, comme bêtes sauvages. Un des chefs était à l'agonie, après quatre mois de détention. Un autre ne pouvait plus se tenir debout, à force de mauvais traitements. Un troisième avait succombé sous le fouet. Sur l'ordre du chef de poste de Lingomo, les plantations furent saccagées, et l'on arracha même les fruits (maniocs) de la terre, pour obliger les habitants affamés à s'en aller dans les bois à la recherche du caoutchouc. Lorsque le missionnaire approcha d'un autre village incendié, les habitants donnèrent l'alarme au son du tambour et coururent aux armes pour le chasser. Ce ne fut que lorsqu'ils le virent s'avancer seul qu'ils le reconnurent pour un missionnaire. Mais personne ne voulut écouter sa prédication. « Délivre-nous d'abord du blanc ; après, tu pourras nous annoncer ta bonne nouvelle ! »

En poursuivant sa route, M. Kirby arrive au siège du gouvernement d'un autre district. A sa grande frayeur, il y trouve le « blanc de Lingomo » qui, après avoir épuisé ce district, avait été transféré dans un autre, pour le traiter de même.

« A Hondo, les gens doivent livrer tous les quinze jours leur contribution de poissons aux postes de Yambisi. Comme il leur faut, pour cela, franchir en ramant une distance de 60 milles, combien de temps leur reste-t-il encore pour eux-mêmes ? » En outre, on assura partout à M. Kirby que le caoutchouc était totalement épuisé et que, malgré toutes les mesures prises, il était impossible d'en fournir la quantité demandée.

Plus récemment encore, le 8 octobre, un missionnaire américain, le Rév. W. M. Morrison, écrivait au gouverneur général pour protester « au nom de l'humanité » contre « les méthodes cruelles, injustes et illégales employées par la Compagnie du Kasai pour faire récolter le caoutchouc par les indigènes. » Dans une autre lettre, adressée au magistrat chargé de l'enquête, il disait : « Si les fonctionnaires du Gouvernement dans cette région ignorent ces faits, ils doivent être punis pour négligence criminelle dans l'accomplissement de leur devoir en laissant se prolonger une situation qui paraît d'autant plus scandaleuse lorsqu'on songe aux dénégations répandues au loin sur l'existence d'un tel état de choses. »

Comme suite de ces plaintes, 45 agents sont actuellement poursuivis pour sévices graves envers les indigènes, dont 11 pour meurtre, 11 pour emprisonnement illégal, et 2 pour coups ayant entraîné la mort.

Rappelons-nous maintenant les emphatiques assurances de ce souverain qui s'engageait à tout faire pour le relèvement moral et matériel des indigènes, et représentons-nous la situation des chrétiens appelés à prêcher au sein de ce peuple l'Evangile de l'amour et de la pitié, dans le temps même où d'autres blancs et d'autres chrétiens en font, par leurs crimes épouvantables, le royaume de Satan !

Mais tout ce qui s'est passé jusqu'ici n'est rien

auprès de ce que nous apprend la mission catholique de Mongalla (voir le journal clérical belge *le Patriote* du 7 octobre 1908) : les enfants mêmes sont assujetis à la récolte du caoutchouc. Celui-là seul peut comprendre ce que cela veut dire, qui connaît la forêt vierge, ce royaume effrayant tantôt du silence, tantôt des hurlements de l'ouragan, ces ténèbres profondes, ces marais perfides, ces trombes de pluie, ces fouillis inextricables, la menace constante des éléphants et des bêtes féroces, moins redoutables encore que les insectes et la fièvre. De quelle terreur doivent s'y sentir pénétrés ces malheureux enfants sans asile, sans vêtements, sans nourriture, dont la superstition peuple de démons les profondeurs de ces forêts! Heureux ceux qui n'en reviennent pas, car quiconque en revient est réservé à la chicotte!

Lors de son premier voyage dans cette région, Livingstone a rencontré au Lualaba une épaisse couche de nuages dans l'ombre humide de laquelle il a dû marcher des semaines durant. Etait-ce un avertissement, un symbole du sombre découragement, de l'effroyable misère dont souffre aujourd'hui cette contrée, qui pourrait être un paradis terrestre sous un gouvernement miséricordieux ?

Nous voici arrivés au terme de ce travail lugubre, qui, si pénible qu'il soit pour le lecteur aussi bien que pour l'auteur, ne constitue toutefois qu'une petite partie des annales du Congo.

XXVI

L'attitude des puissances

N'y avait-il donc aucun secours à attendre des signataires de l'Acte général de Berlin de 1885 contre cet incroyable mépris des engagements souscrits en faveur des indigènes?

Malheureusement non. Dans un article intitulé *Le Congo et les puissances (Revue de Paris* de septembre 1908, n° 18), M. Félicien Challaye, président de la Ligue française pour le Congo, énumère toute un série de tentatives, vaines d'ailleurs, faites pour obtenir une intervention des puissances. La France, assez embarrassée elle-même de son propre Congo, fait la sourde oreille. L'Allemagne, que la question intéresserait bien comme voisine, ne veut rien entendre, et l'Angleterre, après avoir réitéré sa demande d'une seconde conférence des puissances du « Bassin conventionnel du Congo », se voit réduite à protester. Car l'Acte général de Berlin ne contient point de disposition catégorique applicable à une puissance signataire qui aurait manqué à ses engagements, ce qui a permis à M. Schollaert de déclarer devant la Chambre belge : « C'est une souveraineté entière que nous reprendrons avec le territoire du Congo. » La clause relative à la liberté du commerce et à l'exclusion de tout monopole, qui, selon l'Acte de

Berlin, restreint cette souveraineté, n'a aucune garantie pénale ; il est seulement prévu un tribunal arbitral, au cas où les parties contestantes voudraient bien s'y soumettre. Il a donc fallu se borner à des représentations officielles, souvent, il est vrai, assez sévères. Dans le discours du trône du 29 janvier 1908, le roi d'Angleterre s'exprime en ces termes : « Mon gouvernement « est parfaitement au courant de la grande ini- « quité que constitue le traitement appliqué à la « population indigène du Congo, et son seul « désir est de voir cet Etat humainement gouverné, « selon l'esprit de l'Acte de Berlin. »

Un homme qui se donne comme bien renseigné sur les affaires africaines, M. Schreiber, conseiller du gouvernement, à Stettin *(Colonies allemandes,* octobre 1908) suppose que l'Angleterre n'a adopté cette attitude réservée que parce que, entre temps, la Belgique lui a accordé, à travers la province congolaise de Katanga (à l'ouest du Tanganyka) une concession de chemin de fer indispensable à la construction de la ligne du Cap au Caire. Une nouvelle protestation de Sir E. Grey, du 1er novembre 1908, semble réfuter cette supposition.

Est-ce qu'il n'y aurait donc plus rien à attendre des puissances ? Dieu le sait.

Après Dieu, nos regards sont fixés sur le peuple belge. C'est lui qui sera responsable du maintien de l'ancien système qui a ruiné le peuple du Congo; mais c'est lui aussi qui récoltera les actions de grâce et les bénédictions d'aujourd'hui et de demain, s'il marche d'un pas ferme dans la voie de la lumière et du progrès.

L'Avenir

PAR

le Dr H. CHRIST-SOCIN

Annexer le Congo et maintenir l'organisation actuelle, serait greffer un crime sur un crime.

SIR GILBERT PARKER
(*Discours à la Chambre des Communes,*
1er août 1907)

QUATRIÈME PARTIE

L'avenir

I

**Prise de possession du Congo par la Belgique.
Nécessité de rompre avec le système
de l'esclavage.**

Nous voici en présence d'une nouvelle phase
de cette histoire, où peuvent se réaliser les plus
belles espérances, où peut aussi surgir un dénoû-
ment fatal.

Après avoir longtemps marchandé, Léopold II
s'est enfin décidé à transmettre, de son vivant,
à la Belgique, l'héritage de l'Etat du Congo.

La Chambre belge, en août 1908, et, en
septembre, le Sénat belge ont approuvé le traité
de cession, la Belgique a déjà promulgué le code
applicable à sa nouvelle colonie (septembre 1908)
et tout a été bouclé le 15 novembre 1908.

Là-dessus, de bons amis s'écrient: « La Bel-
« gique, cet Etat civilisé entre tous, se charge
« d'administrer le Congo. Que voulez-vous de
« plus ? Tout n'est-il pas en ordre ? Y a-t-il
« encore besoin de s'en mêler ? La persistance

« de votre ligue n'est-elle pas déjà à elle seule
« un tort, une insulte à un Etat ami? A quoi
« bon ressasser encore des horreurs qui déjà
« appartiennent à l'histoire? Ne peut-on pas
« rejeter tranquillement dans l'oubli toute cette
« boue sanglante et fonder les plus belles espé-
« rances sur un nouveau gouvernement?»

Certes, nous serions les premiers à partager
ces sentiments, si bien des indices ne nous sem-
blaient présager le maintien de l'ancien état de
choses.

Voyons un peu, sur la foi des études de
Morel, jusqu'à quel point on peut espérer *une
modification complète de l'ancien système*. Car
nous sommes absolument convaincus que tout
dépend de là, et que quelques palliatifs, quelques
jours de travail de moins, quelques concessions
de plus ne feront rien à l'affaire. Toutes ces
ordonnances isolées, si bien intentionnées soient-
elles, seront aussi peu respectées que les fameuses
quarante heures mensuelles de travail, par ce
personnel de fonctionnaires rouges, habitués
depuis quinze ans au régime de la « chicotte » et
de la « contrainte par corps », de la chasse aux
esclaves et des otages « par utilité publique ».

Il va de soi que l'instauration du règne de la
liberté réduirait considérablement les revenus.
On ne pourrait plus faire le commerce du
« caoutchouc sanglant », et l'autre ne produirait
d'abord que de faibles sommes. Le fièvreux

essor qu'a pris la civilisation au Congo se trouverait soudain arrêté, et, ainsi que le prédit M. Lefranc, la Belgique serait peut-être pendant quelque temps obligée, — chose inouïe! — au lieu de tirer de l'or du peuple congolais, d'en dépenser pour le sauver. Ce qu'il reste d'indigènes devraient être réintégrés dans leurs demeures; la population devrait être ramenée dans les territoires transformés en déserts, et, par un repos prolongé, par l'exemption de toute espèce d'impôts et de contributions, relevée à une condition économique supportable. Avant tout, il faudrait lui prouver, par l'installation d'un nouveau personnel de fonctionnaires garantissant la liberté du travail dans un pays libre, qu'elle vit désormais sous un gouvernement bienveillant, digne d'inspirer confiance, qui ne veut pas seulement prendre, mais aussi donner, et qui conçoit l'Etat comme quelque chose de mieux qu'une pieuvre altérée de sang. Qu'un pareil revirement se produise plus au moins vite, c'est une question de politique pratique, et aussi de politique tropicale, que nous ne saurions résoudre. Il nous semble toutefois, que, dès à présent, on devrait faire partout assaut de bonne volonté, élaborer un programme sérieux d'activité, et traiter cette question comme toutes les grandes questions de principes, par une révolution rapide et radicale, préférable à tous les atermoiements.

II

Fâcheux indices. — Les ministres tiennent au « Système ».

Il ne faut pas s'étonner que, ni dans l'acte de cession ni dans ses annexes, on ne touche aux bases mêmes de l'administration relative aux indigènes, puisque Léopold doit céder le Congo avec l'organisation dont il était doté au moment de la cession. Mais ce qui donne plus à réfléchir, c'est que le gouvernement belge s'est bien gardé de faire ni à la Chambre, ni au reste du monde, aucune promesse de rompre avec le « Système ». Et ce qui n'est pas moins significatif, c'est que tous les comptes présentés par les ministres à la Chambre pour la décider à la cession sont basés surtout sur l'ancien système, c'est-à-dire sur une forte majoration des valeurs obtenues et à obtenir par le travail des esclaves ; ce qui indique suffisamment que le gouvernement ne veut pas d'une réforme radicale. On a fait croire au peuple belge que les immenses ressources constituées par la flore, la faune et les mines du Congo suffiraient, dès aujourd'hui et à l'avenir, à équilibrer son budget et à consolider sa situation financière, moyennant quelques avances et un peu de crédit obtenus pendant la période de transition : bref, que le Congo pourrait subsister indépendamment de la métropole. On n'a oublié

qu'un détail : le matériel humain. L'équilibre
financier ne peut être maintenu que si l'on use
de ce matériel comme on l'a toujours fait, c'est-
à-dire au mépris de tout droit et de toute justice ;
l'esclavage seul peut procurer les recettes voulues ;
d'où il résulte que cette illusion d'un Congo
s'entretenant lui-même repose bel et bien sur
l'intention de maintenir le « système ».

Il est pénible, au surplus, de constater le peu
de place que tient le sort des indigènes dans les
discours ministériels à la Chambre belge, et leur
tendance marquée à atténuer le plus possible
les abus. M. Renkin, ministre de la justice,
actuellement ministre de la colonie du Congo,
déclare laconiquement que « la question des abus
est sans pertinence », et qu'elle n'a rien à faire ici.

C'est en quoi M. le ministre se trompe grandement. Si une question a quelque chose à faire
ici, c'est bien celle-là ; le sort des habitants du
Congo l'emporte sur toutes les autres considérations. Devant Dieu et le jugement de la
postérité, il est indifférent que ce soit la Belgique
ou une autre puissance qui règne sur le Congo,
indifférent aussi que la métropole en retire peu
ou beaucoup de profit ; mais ce qui est d'une
importance capitale et décisive, c'est que le peuple
du Congo soit écrasé par sa métropole, ou que
celle-ci s'occupe de sa prospérité, c'est que, par le
Congo, l'humanité recule honteusement vers l'esclavage, ou avance glorieusement vers le progrès.

« La question des abus prime toutes les autres, n'en déplaise à M. Renkin ! »

Au surplus, M. le ministre prétend que le gouvernement admet bien qu'il y a eu des abus, mais qu'il n'admet pas que les accusations savamment accumulées contre lui soient fondées. Au contraire, il est convaincu de leur absolue exagération. M. Renkin a sans doute supposé que ces messieurs de la Chambre n'ont pas même lu le rapport de la commission royale d'enquête !

Il ajoute du reste que, s'il y a eu des abus, l'annexion du pays par la Belgique est le meilleur moyen de les faire disparaître, la Belgique étant désormais absolument libre de procéder à toutes les réformes nécessaires. L'acte de cession n'oblige pas la Belgique à un système déterminé; l'ancien système n'est pas le seul possible, et lui-même, Renkin, a déjà indiqué des réformes capables d'assurer la liberté du travail et du commerce.

Voilà d'excellentes intentions ; malheureusement, elles semblent destinées à se perdre dans un avenir très lointain, car l'attitude du gouvernement en présence des interpellations qui réclament des garanties solides, paraît exclure tout espoir d'une modification du système relativement à la propriété foncière et au travail forcé. Dieu veuille que nous voyions les choses trop en noir ! Nous ne demanderions pas mieux que de dissoudre notre ligue, que de faire notre *meâ culpâ* et de prendre le sac et la cendre.

Toutes les assurances que MM. Schollaert et Renkin ont données à la Chambre, pour la tranquilliser, consistent en simulacres de remèdes, en palliatifs qui, malgré les sentiments humanitaires dont ils semblent l'expression, finissent toujours par aboutir à la chicotte. M. Schollaert invoque le décret, qui fixe la contribution annuelle, d'après la valeur des produits livrés, à des estimations de 6 francs au minimum et à 24 francs au maximum, en tenant un compte aussi exact que possible de la situation des indigènes, de la richesse du territoire, de la distance qui sépare leurs villages des forêts où ils récoltent le caoutchouc, etc. ; en cas de refus de contribution, l'application des mesures de rigueur est réglementairement déterminée, etc.

Mais n'oublions pas que ce ne sont pas là de nouvelles propositions tendant à une amélioration, et que ce n'est ni plus ni moins que le même prétendu décret de réforme de 1906, en vigueur au Congo depuis deux ans, et qui n'a amélioré en rien la situation des nègres. Au contraire : dans ce dessein de poursuivre l'application de ce décret, ne distingue-t-on pas l'intention de s'en tenir au système du travail forcé ? Maigre consolation, en vérité, que de telles assurances, surtout lorsqu'on se rappelle cette déclaration ministérielle: que l'ancien personnel de la colonie est conservé tel quel, et que, donc, on se borne à changer l'enseigne de la boutique.

Aucun tarif fixe ne détermine la somme de travail à fournir de 6 francs à 24 francs, mais l'évaluation en est laissée au fonctionnaire de district. Ce même fonctionnaire est tenu, sous les peines les plus sévères, de veiller à ce que la production du caoutchouc augmente le plus possible. Et cette évaluation, encore plus élastique que le caoutchouc lui-même, ne tient compte que du travail, et non de la valeur du produit, lequel provient du territoire du gouvernement ; et le pays tout entier est considéré comme territoire du gouvernement, et tous ses produits sont la propriété du gouvernement, sauf les emplacements des habitations et des plantations. Pour le produit on ne donne qu'une faible gratification à titre d' « encouragement », mais aucune équivalence. Les contributions au Congo ne se paient pas en argent, car le nègre n'en a pas ; on le paie tout au plus avec de la pacotille de qualité inférieure.

Et si, pour remplacer le caoutchouc des forêts, épuisé par ces continuelles récoltes, on préconise la culture, officiellement réglementée, de la « Hevea » arbre à caoutchouc du Brésil, comme un moyen infaillible de restaurer la prospérité financière du Congo et de libérer les indigènes, il reste encore à savoir si le fardeau qui pèse sur la population n'en sera pas encore aggravé, et si l'eslavage dans l'enceinte d'une plantation est moins rude que dans les fourrés d'une forêt.

III

Résistance de la Chambre belge.

Au cours des délibérations de la Chambre du 31 juillet 1908, MM. Vandervelde, Lorand et Janson tentèrent, mais en vain, de faire interdire le travail forcé. Ils proposèrent, ainsi conçu, un amendement au contrat de cession : « Les « lois, décrets et ordonnances doivent avoir pour « but de créer des garanties suffisantes pour « les indigènes, en ce qui concerne leur sécurité « personnelle, celle de leurs familles et de leurs « biens, *la libre disposition de leur travail et de* « *ses produits,* leur liberté individuelle et une « propriété foncière suffisante pour leur entre- « tien. » Cette proposition fut rejetée par 72 voix contre 47, et 6 abstentions.

Ces messieurs proposaient un autre amendement :

« Nul ne doit être soumis ʼau *travail forcé,* « *pas même sous forme de contribution.* Les « indigènes ont le droit de récolter les produits « naturels *aussi bien sur leurs propriétés parti-* « *culières que dans le territoire désigné comme* « « *Domaine privé* » (aujourd'hui « Domaine « national »), et cela aux conditions et aux « époques fixées par des décrets et des lois, en « vue de conserver les plantations actuelles et « d'en assurer de nouvelles. » Cette proposition fut rejetée par 78 voix contre 46, et une abstention.

Il semble bien établi par ces votes que l'ancien système sera maintenu aussi bien pour la propriété foncière que pour le travail forcé sous forme de contribution.

IV

Les compagnies concessionnaires

Mais savez-vous ce que la Belgique a aussi refusé? ... On demandait, comme un minimum de satisfaction, que les grandes compagnies concessionnaires de propriétés foncières ne s'arrogent plus le droit d'exiger des travaux forcés et d'employer, pour ce, la force armée — et cette demande semblait dûment autorisée par l'article 2 de la *Charte coloniale du Congo*, ainsi conçu : « Nul ne peut être contraint de travailler pour le « compte ou au profit de particuliers ou de sociétés.» Eh bien, ce minimum de satisfaction, la Belgique ne l'a pas accordé !

Car dans la même séance de la Chambre, l'amendement suivant fut proposé :

« Personne ne peut être forcé de travailler pour « des sociétés commerciales ou pour des indi- « vidus. »

« Personne, en particulier, ne peut être forcé « de recueillir des produits qui, d'après le con-

« trat passé, le 12 septembre 1906, entre l'Etat
« du Congo, l'A. B. I. R. et la Compagnie Anver-
« soise, doivent être livrés à ces dernières. De
« même, personne ne peut être contraint au
« travail dans les territoires qui, d'après la
« convention du 4 janvier 1902, sont exploités
« par l'Etat pour la Compagnie des Grands-
« Lacs. »

La première partie seule de cet amendement
fut acceptée, sans que, d'ailleurs, il en soit résulté
aucune amélioration, car il n'existe pas de droit
au travail forcé, pour les sociétés commerciales,
au sens strict du mot, ni pour les particuliers.
L'adoption de cette partie de l'amendement n'a
donc qu'une valeur de constatation. C'est ce que
la discussion a bien montré. A cette observation
de M. Monville : « A ce qu'on m'assure, il
n'existe au Congo pas de travail forcé au profit
des particuliers », M. Renkin, ministre de la
justice, réplique : « Cela va de soi. »

Mais il en va tout autrement pour ces grands
concessionnaires fonciers, qui ne sont pas de
simples sociétés de commerce, mais qui, en
vertu de contrats particuliers, jouissent à peu
près des mêmes droits que l'Etat lui-même, tout
simplement parce que, en grande partie, ils ne
représentent qu'une des formes sous lesquelles
le roi Léopold exploite le Congo.

C'est pourquoi la seconde partie de cet amendement, qui concerne ces compagnies conces-

sionnaires, n'a pas même été soumise au vote.
A cette question catégorique :

« Et-il vrai, oui ou non, qu'à l'heure qu'il est,
« les indigènes soient obligés de recueillir du
« caoutchouc qui, d'après la convention de
« septembre 1906, doit être livré au prix coû-
« tant à l'A. B. I. R. ? Est-il vrai que les indi-
« gènes soient également contraints à travailler
« au profit des actionnaires de l'A. B. I. R. et
« de la Compagnie Anversoise ? » — le ministre
a évité de répondre, s'autorisant de ce que les
arrangements pris avec les concessionnaires
faisaient partie de traités conclus avec des tiers
et que le gouvernement était obligé de reconnaître,
en vertu du traité de cession.

Ce qui nous inquiète le plus, c'est la puissance
et l'influence des compagnies concessionnaires
maintenues par le traité de cession. Comment,
avec quel personnel, par quel moyens coercitifs
la Belgique, même avec la meilleure volonté du
monde, pense-t-elle pouvoir inculquer des principes d'humanité aux propriétaires de ces gigantesques *latifundia,* si elle n'a pas le courage de
rompre complètement avec eux ? En novembre
1906, à la dernière minute, le roi a cédé à
des financiers américains, sous la forme de deux
nouvelles compagnies, une *American Congo
Company* et une *Société minière et forestière,*
de grandes parties du « Domaine de la couronne »
et du « Domaine national ». La première a le

monopole de la récolte du caoutchouc sur un million d'hectares, pour une période de 60 ans, avec le droit d'acheter un demi-million d'hectares. La seconde a la concession exclusive des mines sur plusieurs millions d'hectares, pour une période de 99 ans, et la concession de plusieurs régions de 100.000 et 200.000 hectares. Ces deux compagnies ont été acceptées par l'Etat belge avec la concession, et il doit leur tenir parole ! Quels champs de fleurs laisseront-ils derrière eux, ces féroces capitalistes ? Et comment la Belgique prétend - elle empêcher les horreurs qu'ils pourront commettre en plein cœur de l'Afrique, à mille lieues de Boma ?

Morel estime qu'avec un peu de bonne volonté, la Belgique aurait pu abolir complètement ces concessions, en arguant de l'illégalité de leur origine et aussi en arguant que les Sociétés ont abusé de leurs pouvoirs, et ont violé avec impunité toutes les lois *écrites* de l'Etat Indépendant.

Et ce qui met le comble à notre appréhension, c'est que la Belgique est tenue de payer, au roi démissionnaire, une provision de fondateur de plus d'un million, ainsi qu'une somme de 45 ½ millions de francs pour constructions de bâtisses au Congo, de monuments et de châteaux en Belgique ; enfin, comme témoignage de reconnaissance pour les grands sacrifices qu'il a consentis en faveur du Congo, 50 autres millions, sans compter maintes pensions aux parents et compères du fondateur. Il va de soi que tous ces millions naîtront du produit des extorsions congolaises, car il est peu probable que les contribuables belges consentent à les payer.

V

Les anciens chefs restent à leur poste.

Autre question capitale : qui, dorénavant, gouvernera le Congo ? Là aussi la réponse n'est guère rassurante. Le Congo est une colonie belge, le roi des Belges est Léopold II, ex-souverain de l' « Etat du Congo », auteur responsable du scandaleux état de choses que nous avons exposé.

D'après l'article 23 de la loi coloniale, c'est du bon plaisir de ce même roi que dépendent la nomination et la révocation du ministre de la colonie, et à ce poste éminent Léopold n'a appelé nul autre que M. Renkin, ancien administrateur de la Compagnie des Grands Lacs et ancien ministre de la justice, qui, à en juger par ses discours à la Chambre, ne paraît guère en humeur de renoncer à l'ancien système de gouvernement.

D'après l'article 24 de la même loi, le ministre de la colonie doit être assisté d'un conseil colonial de 14 membres. De ces conseillers la Chambre et le Sénat désignent chacun trois, et le roi nomme les huit autres, de sorte que le souverain est toujours assuré de la majorité. Or, qui pourrait-il nommer, si ce n'est de ces hommes de tête et d'expérience qui l'ont si bien secondé dans son œuvre au Congo ? Une contre-proposition de la Chambre demandait 12 conseillers, nommés par elle et le Sénat... Voilà qui a tout l'air, n'est-ce pas, de vouloir consolider l'ancien état de choses : la toute-puissance de l'ex-souverain sous un autre nom, la confirmation des anciens chefs sous un uniforme neuf, couverts par un vote de confiance du pays, si l'on s'en tient à ce mode de réforme ?

Après avoir ainsi sauvegardé l'énorme totalité de ses intérêts congolais : un immense domaine particulier et une forte participation aux concessions maintenues, le roi Léopold va-t-il se contenter de se tourner les pouces ? Ou bien ne va-t-on pas laisser en vigueur les décrets de recrutement et les prestations « d'utilité publique », avec cette seule différence qu'ils seront contresignés par M. Renkin et les autres fonctionnaires d'antan, dans leur nouvelle dignité de secrétaires coloniaux ? Et là-bas, au-delà du Stanley-Pool, les chefs de postes ne vont-ils pas se dire les uns aux autres : « Le roi n'est pas mort ; vive le roi ! »

Voilà pourquoi nous voyons les choses en noir. Mais il est temps encore : Si la Belgique le veut : bien des choses peuvent changer. Que Dieu lui vienne en aide !

VI

La tâche de la Belgique.

On ne saurait le nier : la Belgique a devant elle
une tâche formidable. Nous attendons de son
énergie éprouvée qu'elle mène à bien cette
œuvre de géants : la reprise du Congo. Mais si
le peuple belge ne s'acquittait pas de la tâche que
Dieu lui a confiée, et qui consiste à réparer là
où d'autres ont ruiné, à délivrer de leur misère
les populations de l'Afrique centrale et à les
réconcilier avec ces blancs qui, jusqu'ici, ne se
sont révélés à elles que comme des bourreaux
d'esclaves, alors la Belgique aurait prononcé elle-
même sa propre condamnation. On allègue en
Belgique les soupçons, l'envie et la jalousie
d'autres puissances qui auraient préféré administrer elles-mêmes le Congo. Ce n'est que par
une administration irréprochable, humaine et
progressiste que la Belgique désarmera ces ani-
mosités. Mais au-dessus de toutes ces considérations intéressées plane le devoir dicté par l'amour
chrétien, qui nous ordonne de considérer le nègre
congolais comme un frère, en dépit de sa couleur,
et de le traiter en homme qui a les mêmes droits
que nous. Ou je me trompe fort, ou les Belges
préféreront, dans leur colonie, à un troupeau d'esclaves avides de liberté, un peuple ami de 15
millions d'hommes, sur le bon vouloir de qui

ils seront peut-être bien aises, un jour, de pouvoir compter au milieu des difficultés qui ne pourront que trop aisément naître du prochain conflit européen. Les Belges ne peuvent se dissimuler ce qu'il y a d'artificiel et d'anormal dans cette aventure d'un petit Etat neutre de l'Europe septentrionale, dont les 6 millions d'hommes s'emparent d'une colonie africaine de 15 millions d'âmes, quatre-vingts fois plus vaste que leur propre pays ; ils ne peuvent pas davantage s'en dissimuler les dangers. De là cet avertissement catégorique qu'ils reçoivent de partout, une fois engagés dans la politique nouvelle, de n'y suivre que des sentiers de lumière, pour tranquilliser les consciences et gagner la sympathie de leurs voisins. Pour se conserver le Congo, la Belgique n'aura jamais de meilleure arme que la justice qu'elle aura rendue au peuple du Congo.

Des maladies sociales, telles que l'esclavage rétabli au Congo, ne demeurent pas isolées, mais répandent leur contagion. Cette contagion, nous avons déjà laissé entrevoir que l'administration du Congo français est sur le point de la subir. Mais les Portugais aussi suivent ce fâcheux exemple, et les voilà qui recrutent par force dans l'Angola des foules d'ouvriers, dont ils ont besoin dans leurs immenses plantations de cacao à San-Thomé et à Principe. D'après le rapport de plusieurs experts, il est avéré que rien ne distingue cette pratique du commerce d'es-

claves proprement dit, si ce n'est certaines formalités observées pour sauver les apparences.
(*Afr. Mail*, octobre 1908.)

S'imagine-t-on qu'une telle accumulation d'iniquités et d'exactions puisse demeurer sans effet
sur le niveau moral des métropoles et de l'Europe? S'imagine-t-on pouvoir jouir chez soi, la
conscience tranquille, des bienfaits de la liberté
et de toutes les vertus bourgeoises, pendant que,
là-bas, tout un peuple succombe sous le faix de
l'esclavage? Cette erreur, les peuples de l'antiquité l'ont payée de leur existence même. Déli-
vrons-nous de cette illusion ! Il y va de notre
honneur, de notre civilisation. Il dépend de la
Belgique d'inscrire de nouveau l'esclavage de la
race noire en Afrique dans le droit des gens ou
de l'en effacer à jamais.

Et quelle école de civisme pour ceux de nos
jeunes gens qui s'en vont là-bas chercher fortune et y apprennent à contraindre des noirs au
travail forcé !

Du train dont vont les choses, on ne peut que
prévoir la destruction prochaine de la race indigène du bassin du Congo. Si la dépopulation du
pays et l'avilissement des habitants continuent
dans les mêmes proportions, il n'y restera bientôt que le vide. Alors, que faire ? Sous ce soleil
tropical, le climat interdit au blanc tout travail
manuel. On introduira des « coolies », des Chi-
nois peut-être, et pour se débarrasser du reste

des noirs, on les parquera dans quelque refuge.
Mais ce ne sera pas pour longtemps. Les coolies
y meurent comme les blancs et sont sur le
point de se réveiller. On ne les verra plus cou-
rir au travail sous la chicotte. On se trouvera en présence de l'inévitable ruine du plus
beau des pays tropicaux, et d'une race admirablement douée, créée spécialement et exclusivement par Dieu pour développer l'Afrique avec le
concours bienveillant et dévoué des blancs. En
tout cela, ceux-ci n'auront pas même l'excuse
invoquée par les Américains du Nord, qui ont
relégué leurs Peaux-Rouges dans les régions de
l'Ouest, parce qu'ils avaient à satisfaire leur
besoin d'expansion. Au Congo, une immigration
de blancs en masse est impossible. Les esclava-
gistes d'autrefois étaient en partie disculpés par
l'ignorance et les préjugés barbares de leur
époque. Nous, au contraire, nous nous targuons
de principes moraux d'une insurpassable per-
fection. Malheur à nous, si nos actions sont dans
un désaccord si flagrant avec le degré de notre
culture !

VII

Les associations de réforme

Avant de terminer, jetons encore un rapide
coup d'œil sur les efforts tentés par les philanthropes de tous les pays pour remédier au mal.

Depuis longtemps existe en Angleterre l'*Aborigines Protection Society*, la première aussi qui ait révélé les horreurs du Congo dans l'ouvrage de son secrétaire Fox Bourne : *La Civilisation au Congo* (1903).

En mars 1904 est fondée une Association particulière : la *Congo Reform Association*, sous l'inspiration de M. E. D. Morel, en qui se retrouve l'enthousiasme et l'énergie des antiesclavagistes d'autrefois.

De combien d'outrages la presse du Congo n'a-t-elle pas accablé cette association et cet homme, pour jeter la suspicion sur leurs intentions et leur caractère ! Il n'y aurait que « les marchands de Liverpool » pour disputer âprement aux Belges et à Léopold la possession du Congo et pour couvrir pudiquement leur convoitise du drapeau de l'humanité !

Il est constant, toutefois, que dans le comité de cette association ne figure qu'un seul et unique négociant, tandis que tout le reste ne sont, dans la règle, qu'ecclésiastiques, missionnaires, professeurs, hommes politiques, bref, gens de professions libérales, et que la société a peine à couvrir ses dépenses au moyen de ses contributions, qui vont de 5 à 10 shillings, et de quelques dons, hélas ! des plus modestes. Elle s'est prononcée des premières pour la reprise du Congo par le peuple belge, ce qui prouve bien qu'elle ne nourrissait pas d'arrière-pensées égoïstes et politiques.

Quelque choquants que puissent nous paraître l'égoïsme mercantile et l'impérialisme politique de l'Angleterre, on ne laisse pourtant pas d'y rencontrer des personnes assez énergiques et assez courageuses pour s'attaquer hardiment aux questions vitales de l'humanité. Nous en avons ci-dessus une nouvelle preuve.

Il ne faut pas non plus s'étonner si, le 9 octobre 1908, l'Association a pris la résolution de ne pas considérer sa tâche comme terminée, avant d'avoir obtenu pour les indigènes le droit de propriété et l'abolition du travail forcé.

Il va de soi que l'Amérique, vu l'intérêt capital que présente pour elle la question des noirs, devait suivre l'exemple de l'Angleterre. Une campagne de corruption, entreprise de Bruxelles par l'intermédiaire d'un certain Kowalsky, dans le dessein d'influencer le parlement américain, a beaucoup contribué à aliéner à l'Etat du Congo la sympathie publique. Les lecteurs friands de scandales pourront trouver toute satisfaction dans le *New-York American* du 14 décembre 1906 et dans beaucoup d'autres feuilles.

Bien des fois déjà, malgré l'accumulation des nouvelles navrantes et humiliantes, nous nous étions demandé si nous et nos amis d'Europe ne voyions pas les choses trop en noir, et s'il ne suffirait pas, pour remédier à la situation, de quelque adoucissement dans le travail forcé. Mais ce qui nous confirma dans notre conviction, ce fut la décision à laquelle se rangea l' « Association américaine pour la réforme du Congo » à Boston, après une étude approfondie des conditions de la cession (*Congo News Letter*, Septembre 1908.)

« Pour prévenir toute modification illusoire de la situation du Congo — écrit-elle à ses membres — il importe de fixer quatre points : *l'abolition du travail forcé,* lequel aboutit à l'esclavage ; la *dissolution des compagnies concessionnaires,* qui monopolisent une grande partie du territoire ; la *réintégration des natifs* dans leurs terres et dans la possession de ses produits ; la *liberté du commerce.* Epuisé jusqu'aux moelles, comme il l'a été par le gouvernement du roi Léopold, il est impossible que le Congo se soutienne lui-même, ainsi que le veut la Chambre belge. » C'est exactement ce que nous nous efforçons d'obtenir, comme le seul moyen efficace de préserver l'Etat du Congo de la dépopulation et d'une irrémédiable dégénérescence.

Ce fut ensuite, à Paris, la fondation dans le même but, d'une « Ligue internationale », à laquelle se rattachaient une branche française et une branche suisse, et à laquelle la *Congo Reform Association* américaine vient de décider de s'affilier.

Dans la Belgique même — il faut se garder de l'oublier — tout ce qui n'est pas inféodé à l'ancien système s'est prononcé ouvertement et courageusement pour la libération du peuple congolais : les anciennes sociétés commerciales africaines « de la rue Brederode» ; l'illustre ingénieur du chemin de fer du Congo, colonel Thys ; le savant A.-J. Wauters, l'homme qui connaît le mieux le Congo ; M. Cattier, professeur de droit à Bruxelles, et dans la Chambre belge elle-même une forte opposition socialiste et libérale ont lutté contre le système du travail forcé.

Tous ces efforts échoueront-ils contre l'habileté des intéressés et la morne inertie des indifférents? Cela est impossible ; cela ne doit pas être. Mais c'est l'heure ou jamais de combattre de pied ferme !

Appendice.

Le Traité de cession
de l'Etat Indépendant du Congo à la Belgique
(28 novembre 1907)

ARTICLE PREMIER. — S. M. le Roi-Souverain [du Congo] déclare céder à la Belgique la souveraineté des territoires composant l'Etat Indépendant du Congo, avec tous les droits et obligations qui y sont attachés. L'Etat belge déclare accepter cette cession, reprendre et faire siennes les obligations de l'Etat du Congo, telles qu'elles sont détaillées en l'annexe A du présent traité[1], et s'engage à respecter les fondations existantes au Congo, ainsi que les droits acquis et légalement reconnus à des tiers, indigènes et non indigènes.

ART. 2. — La cession comprend tout l'avoir immobilier et mobilier de l'Etat Indépendant du Congo, et notamment : 1º La propriété de toutes les terres appartenant à son domaine public ou privé, sous réserve des dispositions et obligations indiquées à l'annexe A de la présente convention ; 2º Toutes actions, obligations, parts de fondateur ou d'intérêt dont il est fait mention à l'annexe B ; 3º Tous les bâtiments, constructions,

---

[1] Pour les annexes, voir Documents parlementaires.

installations, plantations et appropriations quelconques établis ou acquis en Afrique et en Belgique par le Gouvernement de l'Etat Indépendant du Congo, les objets mobiliers de toute nature et le bétail qu'il y possède ; ainsi que ses bateaux et embarcations avec leur matériel, et son matériel d'armement militaire, tels que repris à l'annexe B, nos 2 et 4 ; 4° L'ivoire, le caoutchouc et les autres produits africains qui sont la propriété de l'Etat Indépendant, de même que les objets d'approvisionnement et autres marchandises lui appartenant, tels que repris à l'annexe B, nos 1 et 3.

Art. 3. — D'autre part, la cession comprend tout le passif et tous les engagements financiers de l'Etat Indépendant tels qu'ils sont détaillés dans l'annexe C.

Art. 4. — La date à laquelle la Belgique assumera l'exercice de son droit de souveraineté sur les territoires visés à l'article 1er sera déterminée par arrêté royal.

Les recettes faites et les dépenses effectuées par l'Etat Indépendant à partir du 1er janvier 1908 seront au compte de la Belgique.

En foi de quoi les plénipotentiaires ont approuvé le présent traité et y ont apposé leurs signatures.

Fait à double et expédié à Bruxelles le 28 novembre 1907.

Le traité a été signé par tous les ministres et par les trois secrétaires de l'Etat Indépendant du Congo.

Acte additionnel au Traité de cession de l'Etat Indépendant du Congo à la Belgique

(*5 mars 1908*)

———

ARTICLE PREMIER. — L'article premier du Traité de cession du 28 novembre 1907 ne s'applique pas à la Fondation de la Couronne faisant l'objet du n° IV de l'annexe A du traité ; les pièces jointes à l'annexe A sous les numéros 23, 24, 25, 27, 28, 29 et 31 sont supprimées.

ART. 2. — Le numéro IV de l'annexe A du Traité relatif à la réserve de biens en faveur de la Fondation de la Couronne est supprimé.

Les biens qui avaient été constitués en Fondation de la Couronne se trouvent, en cas d'adoption du Traité, cédés au domaine privé de l'Etat, conformément au décret du 5 mars 1908 ci-annexé et sans qu'il y ait lieu à l'exercice de la clause de rachat stipulée à l'article 7 de la convention du 22 décembre 1906.

Cette cession est grevée des charges indiquées dans les annexes du susdit décret du 5 mars 1908.

ART. 3. — Il a été convenu, en outre, ce qui suit :

L'Etat belge prend à sa charge tout ce qui, dans les sommes dues par la Fondation de la Couronne ou dans les engagements pris par elle, intéresse spécialement la Belgique conformément à l'annexe III jointe à la présente convention.

Les obligations énumérées à l'annexe II incomberont à la colonie.

Les sommes actuellement dues soit par la Belgique, soit par la colonie, seront immédiatement liquidées.

Art. 4. — L'Etat belge se substitue à la Fondation de la Couronne dans tous ses droits et dans toutes les obligations assumées par elle pour l'achèvement des travaux en cours en Belgique et pour les entreprises ayant fait l'objet d'un contrat. Ces divers travaux sont énumérés dans l'annexe V.

Un fonds spécial de 45.000.000 francs est créé et sera affecté au paiement de ces travaux sous le contrôle de la Cour des comptes.

Il est créé, en outre, un fonds spécial de 50 millions à charge de la colonie. Ce fonds est attribué au Roi en témoignage de gratitude pour ses grands sacrifices en faveur du Congo créé par lui.

Il lui sera payé en quinze annuités, la première de 3.800.000 francs, et chacune des quatorze autres de 3.300.000 francs.

Ce fonds sera affecté par le Roi, et, pour la part qui n'aurait pas été engagée à son décès, par ses successeurs, à des destinations relatives au Congo, à des œuvres diverses en faveur du Congo pour l'utilité et le bien-être des indigènes et pour l'avantage des blancs qui ont bien servi en Afrique.

Art. 5. — Les recettes faites et les dépenses effectuées par la Fondation de la Couronne, à partir du 15 mars 1908, seront au compte de l'Etat en cas de reprise de la colonie.

La charte coloniale du Congo

Chapitre premier

De la situation juridique du Congo belge

Article premier. — Le Congo belge a une personnalité distincte de celle de la métropole.

Il est régi par des lois particulières.

L'actif et le passif de la Belgique et de la colonie demeurent séparés.

En conséquence, le service de la rente congolaise demeure exclusivement à la charge de la colonie, à moins qu'une loi n'en décide autrement.

Chapitre II

Des droits des Belges, des étrangers et des indigènes

Art. 2. — Tous les habitants de la colonie jouissent des droits reconnus par les articles 7, alinéas 1 et 2, 8 à 15, 16, alinéa 1, 17, alinéa 1, 21, 22 et 24 de la Constitution belge[1]. Les mots « la loi » mentionnés

---

[1] Ces articles sont ceux qui garantissent la liberté individuelle, l'inviolabilité du domicile et de la propriété, la liberté des cultes, la liberté d'enseignement, le droit de pétition, le secret des lettres et le droit de poursuivre les fonctionnaires pour faits de leur administration ; on a omis dans cette nomenclature, pour en écarter l'application au Congo, la disposition aux termes de laquelle nul ne peut être arrêté qu'en vertu d'une ordonnance du juge, celle qui défend de procéder au mariage religieux avant le mariage civil, celle qui prévoit un enseignement public donné aux frais de l'Etat et celles qui garantissent la liberté d'association et le droit de réunion.

dans les articles 7, alinéa 2, 8, 9, 10, 11, 17, alinéa 1 et 22 de la Constitution belge, sont remplacés, en ce qui concerne la colonie, par les mots « les lois parti culières ou les décrets ».

Aucune mesure ne peut être prise en matière de presse que conformément aux lois et aux décrets qui la régissent.

Nul ne peut être contraint de travailler pour le compte ou au profit de particuliers ou de sociétés.

Des lois régleront à bref délai, en ce qui concerne les indigènes, les droits réels et la liberté individuelle.

Art. 2 *bis*. — L'emploi des langues est facultatif. Il sera réglé par des décrets de manière à garantir les droits des Belges et des Congolais, et seulement pour les actes de l'autorité publique et pour les affaires judiciaires.

Les Belges jouiront au Congo, en ces matières, de garanties semblables à celles qui leur sont assurées en Belgique. Des décrets seront promulgués à cet effet au plus tard dans les cinq ans qui suivront la promulgation de la présente loi.

Tous les décrets et règlements ayant un caractère général sont rédigés et publiés en langue française et en langue flamande. Les deux textes sont officiels.

Art. 2 *ter*. — Les Belges, les Congolais immatriculés dans la colonie et les étrangers jouissent de tous les droits civils reconnus par la législation du Congo belge. Leur statut personnel est régi par leurs lois nationales en tant qu'elles ne sont pas contraires à l'ordre public.

Les indigènes non immatriculés du Congo belge

jouissent des droits civils qui leur sont reconnus par la législation de la colonie et par leurs coutumes en tant que celles-ci ne sont contraires ni à la législation, ni à l'ordre public. Les indigènes non immatriculés des contrées voisines leur sont assimilés.

ART. 3. — Le gouverneur général veille à la conservation des populations indigènes et à l'amélioration de leurs conditions morales et matérielles d'existence. Il favorise l'expansion de la liberté individuelle, l'abandon progressif de la polygamie et le développement de la propriété. Il protège et favorise, sans distinction de nationalités ni de cultes, toutes les institutions et entreprises religieuses, scientifiques ou charitables, créées et organisées à ces fins, ou tendant à instruire les indigènes et à leur faire comprendre et apprécier les avantages de la civilisation.

Les missionnaires chrétiens, les savants, les explorateurs, leurs escortes, avoir et collections sont l'objet d'une protection spéciale[1].

ART. 4. — Il est institué une commission permanente de sept membres chargée de veiller, sur tout le territoire de la colonie, à la protection des indigènes et à l'amélioration de leurs conditions morales et matérielles d'existence.

---

[1] Cet article est un amendement de M. Beernaert à l'ancienne rédaction de la Charte coloniale. La majorité de la Commission des XVII n'osa pas le rejeter, parce qu'il était emprunté au texte même de l'acte de Berlin (voir ci-dessus, p. 55). « Il n'y avait pas moyen de le repousser, dit M. Georges Lorand, sans avouer qu'on voulait perpétuer et consacrer la violation cynique de cette charte fondamentale de l'œuvre congolaise ». Le même motif agit à la Chambre, qui repoussa d'ailleurs un amendement beaucoup plus précis de MM. Lorand et Janson sur la protection des indigènes (v. p. 215).

La commission est présidée par le procureur général. Les autres membres sont nommés par le roi,
parmi les personnes résidant sur le territoire de la
colonie qui, par la nature de leurs fonctions ou occupations, paraissent spécialement qualifiées pour accomplir cette mission protectrice. La commission nomme
son secrétaire dans son sein.

Elle se réunit au moins une fois chaque année ; son
président la convoque.

Tous les ans la commission adresse au roi un rapport collectif sur les mesures à prendre en faveur des
indigènes. Ce rapport est publié.

Les membres de la commission dénoncent, même
individuellement, aux officiers du ministère public,
les abus et les illégalités dont seraient victimes les
indigènes.

Chapitre III

De l'exercice des pouvoirs

Art. 5. — La loi intervient souverainement en
toute matière.

Le roi exerce le pouvoir législatif par voie de décrets
sauf quant aux objets qui sont réglés par la loi.

Toute loi a pour effet, dès sa publication, d'abroger
de plein droit les dispositions des décrets qui lui sont
contraires.

Les décrets sont rendus sur la proposition du
ministre des colonies.

Aucun décret n'est obligatoire qu'après avoir été
publié dans les formes prescrites par décret. Indépendamment de cette publication, il sera, dans le mois de
sa promulgation, inséré au *Moniteur Belge*.

Les cours et les tribunaux n'appliquent les décrets qu'autant qu'ils ne sont pas contraires aux lois.

Art. 6. — Le pouvoir exécutif appartient au roi. Il est exercé par voie de règlements et d'arrêtés.

Les cours et les tribunaux n'appliquent les règlements et les arrêtés qu'autant qu'ils sont conformes aux lois et aux décrets.

Aucun règlement ou arrêté n'est obligatoire qu'après avoir été publié.

Art. 7. — Aucun acte du roi ne peut avoir d'effet s'il n'est contresigné par un ministre, qui par cela seul s'en rend responsable.

Sont également soumises à cette formalité les dépenses faites au moyen du fonds spécial de 50 millions de francs dont le montant est attribué au roi et à ses successeurs par l'article 4, alinéas 3 et 4, de l'acte additionnel du 5 mars 1908.

Les annuités fixées par cet acte additionnel sont affectées par le roi, dans les proportions qu'il indique, aux destinations énumérées dans l'alinéa 5 de l'article 4 du même acte.

Art. 8. — Aucune taxe douanière, aucun impôt, ni aucune exemption d'impôt ne peuvent être établis que par décret.

Le décret entrera en vigueur en même temps que la loi budgétaire qui en fera la première application.

Le gouverneur général et les fonctionnaires ou agents de l'administration coloniale dûment autorisés par lui peuvent, même en dehors des cas prévus par décret, accorder aux indigènes des exemptions temporaires d'impôt.

Le produit des douanes et impôts est exclusivement réservé aux besoins de la colonie.

Art. 9. — Les monnaies d'or et d'argent ayant cours en Belgique ont cours aux mêmes conditions dans la colonie.

Un arrêté royal fixera la date à laquelle les monnaies d'argent frappées par l'Etat Indépendant du Congo n'auront plus cours et ne seront plus échangées par la trésorerie coloniale.

Le bénéfice qui pourra résulter de la frappe des monnaies belges nécessaires à la colonie sera attribué au budget colonial.

Il est loisible au roi de frapper des monnaies de billon spéciales pour la colonie ; ces monnaies n'ont pas cours en Belgique.

Art. 10. — Le budget des recettes et des dépenses de la colonie est arrêté chaque année par la loi.

Quatre mois au moins avant l'ouverture de l'exercice, le projet de budget est imprimé et distribué aux membres des Chambres législatives par les soins du ministère des colonies.

Si les Chambres n'ont pas voté le budget cinq jours avant l'ouverture de l'exercice, le roi arrête les recettes et, de trois en trois mois jusqu'à la décision des Chambres, ouvre au ministère des colonies les crédits provisoires nécessaires.

Le roi, ou, dans la colonie, le gouverneur général ordonne les virements et, en cas de besoins urgents, les dépenses supplémentaires nécessaires. Dans les trois mois, le ministre des colonies transmet une expédition de l'arrêté royal ou de l'ordonnance aux Chambres et dépose un projet de loi d'approbation.

ART. 11. — Le compte général de la colonie est arrêté par la loi après la vérification de la Cour des comptes.

La Cour examine si aucun article des dépenses du budget n'a été dépassé et si les virements et les dépenses supplémentaires ont été approuvés par la loi.

La Cour des comptes se fait délivrer par le ministre des colonies tous états, pièces comptables, et donner tous renseignements et éclaircissements nécessaires au contrôle de la recette et de la dépense des deniers.

Le compte général de la colonie est communiqué aux Chambres avec les observations de la Cour des comptes.

ART. 12. — La colonie ne peut emprunter, garantir le capital ou les intérêts d'un emprunt, exécuter des travaux sur ressources extraordinaires que si une loi l'y autorise.

Toutefois, si le service du Trésor colonial l'exige, le roi peut sans autorisation préalable créer ou renouveler des bons du Trésor portant intérêt et payables à une échéance qui ne dépassera pas cinq ans. Les bons du Trésor en circulation ne pourront excéder dix millions de francs et leur produit ne pourra être affecté qu'au paiement de dépenses régulièrement votées.

ART. 13. — Une loi spéciale déterminera les règles relatives aux concessions de chemins de fer et de mines, aux cessions et aux concessions de biens domaniaux.

En attendant toute concession de chemins de fer ou de mines, toute cession ou concession, pour quelque durée que ce soit, de biens domaniaux d'une superficie excédant dix hectares, est consentie ou autorisée par décret.

Seront déposés, avec toutes les pièces justificatives, pendant trente jours de session, sur les bureaux des deux Chambres, tous projets de décret portant :

a) Concession de chemins de fer, mines, minières ou alluvions aurifères ;

b) Cession d'immeubles domaniaux d'une superficie excédant dix mille hectares ;

c) Concession de la jouissance d'immeubles domaniaux, si leur superficie excède vingt-cinq mille hectares et si la concession est consentie pour plus de trente ans.

Pour déterminer le maximum de superficie prévu aux alinéas 2 et 3, il est tenu compte des cessions ou concessions de biens domaniaux dont le cessionnaire ou le concessionnaire a bénéficié antérieurement.

Tout acte accordant une concession la limitera à un temps déterminé, renfermera une clause de rachat et mentionnera les cas de déchéance.

Art. 13 *bis*. — Le contingent de la force publique est fixé annuellement par décret.

Art. 14. — La justice civile et la justice militaire sont organisées par décret.

Les officiers du ministère public exercent leurs fonctions sous l'autorité du ministre des colonies, représenté dans la colonie par le procureur général près le tribunal d'appel.

Art. 15. — Après avoir été désignés provisoirement pour une période dont la durée ne peut excéder trois ans, les magistrats de carrière sont nommés définitivement par le roi pour un terme de dix ans.

Le roi a le droit de suspendre et de révoquer le procureur général près le tribunal d'appel. Il ne peut suspendre ni révoquer les autres magistrats de carrière que sur la proposition du procureur général, pour les causes prévues par décret et de l'avis conforme du tribunal d'appel.

A l'expiration de leur terme de dix ans, les magistrats de carrière sont admis à la pension.

Les magistrats de carrière définitivement nommés ne peuvent plus être déplacés sans leur consentement que pour des besoins urgents et par mesure provisoire. Dans tous les cas de déplacement, ils reçoivent un traitement au moins équivalent à celui qui était attaché à leurs anciennes fonctions.

Les traitements, congés et pensions sont fixés par décret.

ART. 16. — L'autorité administrative ne peut empêcher, arrêter ou suspendre l'action des cours et tribunaux.

Toutefois, le roi peut, pour des raisons de sûreté publique, suspendre, dans un territoire et pour un temps déterminés, l'action répressive des cours et tribunaux civils et y substituer celle des juridictions militaires.

ART. 17. — La justice est rendue et ses décisions sont exécutées au nom du roi.

Les audiences des tribunaux sont publiques, à moins que la publicité ne soit dangereuse pour l'ordre et les mœurs et, dans ce cas, le tribunal le déclare par un jugement.

Tout jugement est motivé. Il est prononcé en audience publique.

Le roi a le droit de remettre, de réduire et de commuer les peines.

Art. 18. — Le roi est représenté dans la colonie par un gouverneur général, assisté d'un ou de plusieurs vice-gouverneurs généraux.

Sauf les personnes qui ont administré en l'une ou l'autre de ces qualités le territoire de l'Etat Indépendant du Congo, nul ne peut être nommé aux fonctions de gouverneur général ou de vice-gouverneur général s'il n'est Belge de naissance ou par grande naturalisation.

Art. 19. — Le pouvoir exécutif ne peut déléguer l'exercice de ses droits qu'aux personnes et aux corps constitués qui lui sont hiérarchiquement subordonnés. Toutefois, la délégation consentie par l'Etat Indépendant du Congo au comité spécial du Katanga restera valable jusqu'au 1er janvier 1912, à moins qu'un décret n'y mette fin à une date antérieure.

Le gouverneur général de la colonie exerce par voie d'ordonnances le pouvoir exécutif que le roi lui délègue.

La délégation du pouvoir législatif est interdite. Toutefois, le roi peut autoriser le gouverneur général, s'il y a urgence, à suspendre temporairement l'exécution des décrets et à rendre des ordonnances ayant force de loi. Les ordonnances ayant cet objet cessent d'être obligatoires après un délai de six mois si elles ne sont, avant l'expiration de ce terme, approuvées par décret.

Les ordonnances ayant force de loi et les ordonnances d'administration générale ne sont obligatoires qu'après avoir été publiées.

CHAPITRE IV

Du Ministre des colonies et du Conseil colonial.

ART. 20. — Le ministre des colonies est nommé et révoqué par le roi. Il fait partie du conseil des ministres.

Les articles 86 à 91 de la Constitution belge lui sont applicables.

ART. 21. — Il est institué un conseil colonial composé d'un président et de quatorze conseillers.

Le ministre des colonies préside le conseil. Il y a voix délibérative et, en cas de partage, prépondérante.

Huit conseillers sont nommés par le roi. Six sont choisis par les chambres législatives : trois par le Sénat et trois par la Chambre des représentants ; ils sont élus au scrutin secret et à la majorité absolue des voix.

Un des conseillers nommés par le roi et alternativement un des conseillers nommés par la Chambre ou un des conseillers nommés par le Sénat sortent chaque année. Les conseillers sortent d'après leur rang d'ancienneté ; le rang de ceux qui ont été nommés le même jour est déterminé par un tirage au sort. Les conseillers sortant peuvent être renommés.

Les fonctions de conseiller et de membre de la Chambre des représentants ou du Sénat sont incompatibles.

Les fonctionnaires de l'administration coloniale en activité de service ne peuvent faire partie du conseil.

ART. 22. — Le conseil colonial délibère sur toutes les questions que lui soumet le roi.

Sauf le cas d'urgence, le conseil colonial est consulté sur tous les projets de décret. Les projets lui sont soumis par le roi ; ils sont accompagnés d'un exposé des motifs.

Le conseil donne son avis, sous forme de rapport motivé, dans le délai fixé par son règlement organique. Le rapport indique le nombre des opposants ainsi que les motifs de leur opposition.

Si le projet de décret soumis à la signature du roi n'est pas conforme à l'avis du conseil, le ministre des colonies y joint un rapport motivé.

Si le conseil ne s'est pas prononcé dans le délai fixé par son règlement, le décret peut être rendu sur un rapport motivé du ministre des colonies.

Le rapport du conseil colonial et, éventuellement, le rapport du ministre des colonies sont publiés en même temps que le décret.

Les décrets rendus en cas d'urgence sont soumis au conseil dans les dix jours de leur date ; les causes de l'urgence lui sont indiquées. Le rapport du conseil est publié au plus tard un mois après la communication du décret.

Art. 23. — Le conseil colonial demande au gouvernement tous les renseignements qu'il juge utiles à ses travaux.

Il peut lui adresser des vœux.

CHAPITRE V

Des relations extérieures.

Art. 24. — Le roi fait les traités concernant la colonie.

Les dispositions de l'article 68 de la Constitution

belge relatives aux traités s'appliquent aux traités qui concernent la colonie.

Art. 25. — Le ministre des affaires étrangères du royaume a dans ses attributions les relations de la Belgique avec les puissances étrangères au sujet de la colonie.

Chapitre VI

Dispositions générales

Art. 26. — Les décisions rendues en matière civile et commerciale par les tribunaux siégeant dans la métropole et les sentences arbitrales exécutoires en Belgique ont dans la colonie l'autorité de la chose jugée et y sont exécutoires de plein droit.

Les actes authentiques exécutoires en Belgique sont exécutoires de plein droit dans la colonie.

Les décisions rendues en matière civile et commerciale par les tribunaux siégeant dans la colonie et les sentences arbitrales exécutoires au Congo ont en Belgique l'autorité de la chose jugée et y sont rendues exécutoires, si elles réunissent les conditions suivantes : 1. que la décision ne contienne rien de contraire à l'ordre public ou aux principes du droit public belge ; 2. que, d'après loi coloniale, elle soit passée en force de chose jugée ; 3. que, d'après la même loi, l'expédition qui en est produite réunisse les conditions nécessaires à son authenticité ; 4. que les droits de la défense aient été respectés.

Les actes authentiques exécutoires dans la colonie sont rendus exécutoires en Belgique s'ils réunissent les conditions suivantes :

1. Que les dispositions dont l'exécution est pour-

suivie n'aient rien de contraire à l'ordre public ou aux principes du droit public belge ;

2. Que, d'après la loi coloniale, ils réunissent les conditions nécessaires à leur authenticité.

Les décisions de justice sont rendues exécutoires par le tribunal civil, les sentences arbitrales et les actes authentiques par le président du tribunal civil du lieu où l'exécution doit être poursuivie.

ART. 27. — Quiconque, poursuivi pour une infraction commise dans la colonie, sera trouvé en Belgique, y sera jugé par les tribunaux belges, conformément à la loi pénale coloniale, mais dans les formes prévues de la loi belge

Les peines de servitude pénale prévues par la loi pénale coloniale sont, suivant leur durée, remplacées par des peines d'emprisonnement, de réclusion, ou de travaux forcés de même durée.

La chambre des mises en accusation pourra renvoyer l'inculpé, soit à sa demande, soit en vertu d'une décision unanime rendue en séance publique sur la réquisition du ministère public, l'inculpé entendu ou dûment cité, devant la juridiction coloniale. Le cas échéant, la chambre prolongera, pour autant que de besoin, la durée de la validité du mandat d'arrêt.

Quiconque, poursuivi pour une infraction commise en Belgique, sera trouvé sur le territoire de la colonie, sera livré à la justice belge pour être jugé conformément aux lois belges.

L'inculpé, si l'autorité belge n'en a pas réclamé la remise, pourra se faire représenter devant la juridiction belge par un fondé de pouvoir spécial.

Quand une infraction consiste en faits accomplis en

partie sur le territoire belge et en partie sur le territoire colonial, elle sera considérée comme ayant été commise en Belgique.

S'il y a plusieurs co-auteurs dont les uns sont trouvés sur le territoire belge et les autres sur le territoire colonial, les tribunaux belges sont seuls compétents.

Le tribunal compétent à l'égard des auteurs principaux est également compétent à l'égard des complices.

Les décisions rendues en matière pénale par la justice belge ou la justice coloniale ont sur le territoire belge et sur le territoire colonial l'autorité de la chose jugée et y sont exécutoires de plein droit.

ART. 28. — En toutes matières, la signification des actes judiciaires et extrajudiciaires destinés à des personnes domiciliées ou résidant dans la colonie est soumise en Belgique aux règles générales relatives à la signification des actes destinés aux personnes domiciliées ou résidant à l'étranger. Toutefois, le ministre des colonies intervient, le cas échéant, au lieu et place du ministre des affaires étrangères.

Réciproquement, la signification des actès judiciaires et extrajudiciaires destinés à des personnes domiciliées ou résidant en Belgique est soumise, dans la colonie, aux règles générales relatives à la signification des actes destinés aux personnes domiciliées ou résidant à l'étranger.

Les commissions rogatoires émanées de l'autorité compétente belge ou coloniale sont exécutoires de plein droit sur le territoire belge et sur le territoire colonial.

Art. 29. — Les membres des chambres législatives ne peuvent être en même temps fonctionnaire salarié, employé salarié ou avocat en titre de l'administration coloniale.

A dater de la promulgation de la présente loi, aucun membre d'une des deux Chambres législatives ne peut être nommé, ou, s'il occupe actuellement pareilles fonctions, à l'expiration de leur terme, ne peut être renommé délégué du gouvernement, administrateur ou commissaire dans des sociétés par actions qui poursuivent dans le Congo belge des entreprises à but lucratif, si ces fonctions sont rétribuées à un titre quelconque et si l'Etat est actionnaire de la société.

Cette dernière interdiction s'applique également aux membres du conseil colonial, au gouverneur général, aux vice-gouverneurs généraux, aux magistrats et aux fonctionnaires au service de l'administration coloniale.

Les candidats aux Chambres, élus bien qu'ils exercent des fonctions sujettes aux interdictions qui précèdent, ne sont admis à la prestation de serment qu'après les avoir résignées.

Les membres des Chambres ne peuvent être nommés aux fonctions et emplois prévus aux alinéas 1 et 2 qu'une année au moins après la cessation de leur mandat. N'est pas soumise à ce délai la nomination aux fonctions de gouverneur général ou de vice-gouverneur général de la colonie.

Art. 30. — Les fonctionnaires et les militaires belges, autorisés à accepter des emplois dans la colonie tant avant qu'après l'annexion de celle-ci, conservent leur ancienneté et leurs titres à l'avancement dans l'administration ou l'arme qu'ils ont temporairement quittée.

ART. 3o *bis*. — Les Belges mineurs ne peuvent s'engager dans l'armée coloniale sans le consentement écrit de leur père ou de leur mère veuve, ou, s'ils sont orphelins, de leur tuteur. Ce dernier devra être autorisé par délibération du conseil de famille.

Pendant la durée de leur service actif, les miliciens belges ne peuvent être autorisés à prendre du service dans l'armée coloniale. Toute autorisation qui leur serait donnée en violation de la présente disposition de la loi sera considérée comme nulle et non avenue.

ART. 31. — Indépendamment du drapeau et du sceau de la Belgique, la colonie du Congo peut faire usage du drapeau et du sceau dont s'est servi l'Etat du Congo.

ART. 32. — Les décrets. règlements et autres actes en vigueur dans la colonie conservent leur force obligatoire, sauf les dispositions qui sont contraires à la présente loi et qui sont abrogées.

Art. 33. — Chaque année, en même temps que le projet de budget colonial, il est présenté aux Chambres, au nom du roi, un rapport sur l'administration du Congo belge.

Ce rapport contient tous les renseignements propres à éclairer la représentation nationale sur la situation politique, économique, financière et morale de la colonie.

Il rend compte de l'emploi pendant l'exercice écoulé de l'annuité prévue par l'art. 4 de l'Acte additionnel

au traité de cession de l'Etat Indépendant du Congo
à la Belgique.

Disposition transitoire

Art. 34. — Après l'annexion, les magistrats de carrière, les fonctionnaires et tous autres agents de l'Etat Indépendant du Congo conserveront leurs attributions jusqu'au terme et dans les conditions prévues par leur contrat d'engagement.

Le traité de cession, l'acte additionnel et la charte coloniale ont été adoptés par la Chambre belge (à une faible majorité) le 20 août, et par le Sénat le 9 septembre 1908.

Aperçu de bibliographie critique

Il est évident qu'il ne s'agit pas ici d'une bibliographie congolaise. Une bibliographie congolaise
tiendrait un volume, et ce volume a été fait[1]. Il s'agit
d'un aperçu bibliographique de la *question du Congo,*
ce qui signifie tout autre chose. En vertu de l'ignorance générale, très habilement entretenue, et — il
faut le dire aussi — d'un silence voulu en certains
milieux, les livres ou articles sérieux sur la question
congolaise ont été relativement fort rares. Il va sans
dire que la liste que nous donnons est des plus in-
complètes, mais elle suffit amplement pour renseigner
tout lecteur qui désirerait remonter aux sources et
étudier par lui-même la question du Congo.

PUBLICATIONS INTERNATIONALES

Nouveau Recueil général de traités. Continuation du
grand recueil de G. Fr. de Martens. — Gottingue.

Annuaire de l'Institut de Droit international, en particulier tome VII, 1883-1885. Se tait prudemment depuis
quelques années, silence qui n'étonnera personne lorsqu'on saura que le secrétaire général de l'Institut fut
pendant six ans M. Descamps qui fait partie du cabinet
Schollaert. Voir plus loin p. 255.

Bulletin trimestriel de la « Ligue internationale pour la
défense des indigènes dans le bassin conventionnel du

---

[1] Par A. J. Wauters et Ad. Buyl, mais pour 1880—1895 seulement.

Congo ». Paris, 278, boulevard Raspail. Trois bulletins ont déjà paru en 1908. Articles de MM. Pierre Mille, Morel, Félicien Challaye, Paix-Séailles, Vandervelde, René Claparède, Mony Sabin, John Daniels, etc.

ÉTAT DU CONGO

Bulletin officiel de l'Etat Indépendant du Congo, 1885-1908. Bruxelles. — Il n'y faut point chercher, naturellement, les décrets secrets de 1891-92 qui ont bouleversé le régime foncier et créé la « question du Congo ». — Le fameux *Rapport de la Commission d'enquête* a paru dans le Bulletin officiel, numéros de septembre-octobre 1905.

La Vérité sur le Congo. — Revue en trois langues (français, anglais, allemand) créée sous les auspices de la « Fédération pour la défense des intérêts belges à l'étranger » pour répondre aux attaques dirigées contre l'administration du Congo. Le baron Th. Wahis, gouverneur général du Congo, en est un des vice-présidents. — Cette revue a été répandue à profusion jusque dans les wagons-lits. Premier numéro : juillet 1903.

Guide de la section de l'Etat Indépendant du Congo à l'Exposition de Bruxelles-Tervueren en 1897. Ouvrage publié sous la direction de M. le commandant Liebrechts. — Apologie. On y lit entre autres ceci : « L'Etat, dans toutes ses lois, dans toutes les mesures qu'il a prises, a toujours songé avant tout à accomplir sa mission humataire. »

Le Régime Congolais. Opinion d'un magistrat du Congo, par Stanislas Lefranc, juge à l'Etat du Congo. Deux fascicules de 35 et 59 pages. Voir ce qui en a été dit plus haut, p. 149.

Belgique et Congo. Discours de MM. Schollaert et Renkin sur l'annexion, publiés par la « Fédération » ci-dessus mentionnée.

BELGIQUE

L'Etat Indépendant du Congo par A.-J. Wauters, Bruxelles,
Falk fils, 1899. — On a appelé le géographe Wauters
« l'homme qui connaît le mieux le Congo. » Très complet sur les débuts de l'Etat. C'est, à cette date, le seul
ouvrage donnant (page 402) quelques détails sur le
décret secret de 1891.

Croquis Congolais, par Charles Buls. Bruxelles, Balat,
1899. — Impressions d'un voyage dans l'Etat du Congo,
par un Belge très éclairé, bourgmestre de Bruxelles. Il
ne craint pas de tempérer ses éloges par de sérieuses
critiques. « La vérité a des droits, dit-il, qui priment ceux
de l'amitié ». Parlant de la peine de la chaîne, il avoue
qu'un an de chaîne, pour les noirs, équivaut à la mort.
« Que le blanc, dit-il plus loin, demande au nègre un
labeur modéré, qu'il le traite avec équité ; qu'il admette
celles de ses coutumes compatibles avec nos idées sur la
liberté individuelle et le respect de la vie humaine, afin
que le pauvre nègre ne puisse dire à l'Européen : « Vous
nous trompez à votre profit ! ».

Le Mouvement géographique, journal hebdomadaire publié sous la direction de A.-J. Wauters depuis 25 ans.
Bruxelles, 13, rue Bréderode. — Recueil d'une inestimable
valeur. Indispensable pour l'étude de la question du
Congo.

L'Afrique nouvelle. Essai sur l'Etat civilisateur dans les
pays neufs et sur la fondation, l'organisation et le gouvernement de l'Etat Indépendant du Congo, par le chevalier Descamps. — Apologie. Défend toutes les prétentions de l'Etat léopoldien. Le chevalier Descamps, aujour-
d'hui baron, est ministre des sciences et arts dans le
cabinet Schollaert.

Annales parlementaires, journal officiel de la Chambre et
du Sénat, pour les discours de MM. Paul Janson, Lorand,

Vandervelde, etc. — Un recueil des discours de M. Paul Janson a paru en 1905 en deux volumes (Bruxelles, imprimerie Monnom). Voir sur le Congo I, 353; II, 587.

Etude sur la situation de l'Etat Indépendant du Congo, par Félicien Cattier, professeur à l'Université de Bruxelles. Bruxelles, Larcier, Paris, Pedone, 1906. (Préface datée du 30 janvier.) — Ce livre, écrit avant le décret réformiste de juin, est un admirable commentaire du Rapport de la Commission d'enquête. Indispensable.

La Question congolaise, par A. Vermeersch, S. J., docteur en droit et en sciences politiques et administratives. Bruxelles, Bullens, 1906. — Eloquente protestation d'un catholique belge contre un régime inique. S'élève avec une particulière énergie contre la spoliation des terres des indigènes en vertu de la théorie des terres vacantes.

Essai sur les Principes de la Colonisation, par Félix de Véra. — Bruxelles. Imp. Castiaux. 1908. Brochure de 38 pages. — L'auteur, dont le pseudonyme cache un nom appartenant à la vieille noblesse de Belgique, s'élève avec une grande hauteur de vues contre la colonisation telle que l'a pratiquée le roi Léopold et il lui oppose la colonisation humaine, que l'on reconnait « à ses œuvres ».

Ethnographie congolaise, par F. Harroy, Dr Védy, etc., dans le Bulletin de la Société Royale Belge de Géographie, 1906 et 1907.

Revue de droit international et de législation comparée. Bruxelles. Administrateur-gérant : M. Paul Hymans. — A défendu le système léopoldien ces dernières années, autrement dit a nié les flagrantes violations de l'Acte de Berlin. Cette attitude étrange s'explique — en partie — par le nom de son administrateur. M. Paul Hymans, sur la question du Congo, s'est séparé du parti libéral et a consenti à voter le Traité d'annexion et la Charte coloniale dont on a vu plus haut les textes. Mais le dernier mot n'est pas dit sur la défection d'une revue réputée sérieuse, sur laquelle les amis du droit eussent dû pouvoir compter.

La Vérité sur la Civilisation au Congo, par un Belge. Bruxelles, 1903. — Réponse au livre de M. Fox Bourne dont il sera parlé plus loin. C'est un recueil des témoignages favorables à l'Etat du Congo.

Bulletin de la Société Royale de Géographie d'Anvers. Nombreux articles, 1892-93, 1906, 1907, etc.

G. Fuss-Amoré. Nombreux articles très sévères pour l'administration du Congo, dans le *Courrier Européen*, notamment en 1906.

A propos du Congo. Que faut-il penser des missionnaires protestants? par H. Anet. — Bouton, éditeur. Bruxelles. Sans date. Brochure de 16 pages. — Coup d'œil sur les missions protestantes au Congo. Sur les huit sociétés protestantes à l'œuvre au Congo, trois seulement sont anglaises. Eloge des missions.

Comment nous gouvernerons le Congo, Etude critique du projet de loi coloniale organique, par H. Speyer, avocat à la Cour d'appel, agrégé à l'Université Libre de Bruxelles. Bruxelles, Lamberty 1907. — Brochure de 60 pages. — Ouvrage hybride : l'auteur fait de grands efforts pour concilier l'inconciliable, l'absolutisme et le libéralisme. — M. Speyer est un des élus de la Chambre au Conseil colonial.

Matula le Congolais, par John Bell. Traduit de l'anglais par J. Rambaud, pasteur. — Amis des missions de Liége, 8, rue Lambert-le-Bègue, Liége. 1908.

Le Parlement belge et le Congo léopoldien, par Emile Vandervelde, dans « Les Documents du Progrès », février 1908.

A propos du Congo, par V. Lacourt. Bruxelles, Lesigne, mars 1908. — L'auteur, directeur de la Cᶦᵉ du Kasai, défend le travail forcé. Cf. page 200, où l'on verra que 45 agents du Kasai ont dû être poursuivis pour sévices graves envers les indigènes.

L'annexion du Congo devant le Parlement belge, discours prononcé à la Chambre des Représentants, 3 au 8 juillet 1908, par M. F. Fléchet, député pour Liége. Liége 1908. Important pour le côté financier, etc.

L'annexion du Congo et ses conséquences pour la Belgique. Discours de Prosper Hanrez (du Sénat), sénateur pour Bruxelles. Bruxelles 1908. — Important pour la question des indigènes.

Les derniers Jours de l'Etat du Congo, par Emile Vandervelde, professeur à l'Université Nouvelle. Journal de voyage (juillet-octobre 1908). Edition de la Société nouvelle. Paris et Mons, 1909. — Admirable récit de voyage, coloré, vivant, semé de réflexions judicieuses. Véritable mise au point de la question du Congo. Indispensable.

La presse quotidienne et le Congo

On comprendra que nous ne puissions qu'effleurer ce sujet[1]. Une partie de la presse belge a été accusée de recevoir des subsides du « Bureau (congolais) de la Presse », que d'aucuns prétendent être étroitement affilié à « la Fédération pour la défense des intérêts belges à l'étranger » citée plus haut. A la Chambre belge, en 1906, M. Vandervelde a prononcé les paroles suivantes : « J'ai constaté l'existence d'un Bureau de la Presse ; ensuite j'ai constaté qu'à un certain moment un magistrat belge a dirigé ce Bureau ; enfin j'ai constaté qu'un journal de Bruxelles avait été acheté par ce Bureau ».

Ce qui est certain, c'est que de nombreux journaux belges, notamment l'*Etoile Belge* et l'*Indépendance Belge*

---

1 Pour raconter avec quelque détail ce que l'on sait déjà du « Bureau de la Presse » et de ses efforts pour agir sur l'opinion dans un sens favorable à l'Etat du Congo, il eût fallu une « annexe » disproportionnée au reste de ce volume. Aussi nous sommes-nous contentés de placer quelques courts renseignements sur le Bureau de la Presse, à la suite de la bibliographie de chaque pays, là où il y avait lieu de le faire.

ont traîné dans la boue l'homme honnête et désintéressé qu'est M. Morel. Sur l'*Etoile Belge*, voir le chapitre II du présent volume, p. 27. En 1908 elle a accusé M. Morel d'agir pour les plus détestables des motifs. Voici comment M. Morel a répondu : « Comme leur intelligence (celle de l'*Etoile Belge* et celle de l'*Indépendance Belge* qui l'a aussi suspecté) ne peut s'élever à un niveau plus élevé, il semble inutile de demander à nos lecteurs d'y descendre ». (*Official Organ of the Congo Reform Association.* Sept.-nov. 1908, p. 26).

Le commandant Lemaire a intenté à M. Harry, directeur du *Petit Bleu*, un procès qui jette un triste jour sur l'action du Bureau de la Presse en Belgique. Sur ce long procès, consulter les journaux belges de juillet à novembre 1908.

Sur la corruption de la presse aux Etats-Unis, voir plus loin : Angleterre et Ecosse. Sur la corruption de la presse française, voir le *Courrier Européen* du 10 septembre 1908. Sur la corruption de la presse italienne, voir le *Patriote* du 6 septembre, la *Dernière Heure* des 6, 7 et 8 septembre et le *Journal de Genève* du 19 novembre 1908. En revanche, parmi les journaux belges, le *Patriote* (catholique), la *Dernière Heure* (libéral), le *Ralliement* (id.), la *Gazette* de Bruxelles, l'*Express* de Liége (id.), le *Peuple* (socialiste), ont combattu sans relâche le système en vigueur au Congo. C'est dans le *Peuple* qu'ont paru les lettres adressées du Congo par M. Vandervelde sous ce titre : *Les derniers jours de l'Etat du Congo.*

ANGLETERRE ET ÉCOSSE

Dernier journal de Livingstone, relatant ses explorations et découvertes de 1866 à 1873. Traduit de l'anglais par Mme Loreau. Paris, 1876. 2 vol.

Cinq années au Congo (1879-1884), par Stanley, traduit de l'anglais par Gérard Harry. — Paris, Dreyfous, sans date. L'avant-propos de l'ouvrage anglais est daté d'avril

1885. — Ouvrage capital, indispensable pour l'histoire des origines.

The partition of Africa, by J. Scott Keltie. London, Stanford 1893. — L'auteur, un géographe, secrétaire de la société royale de géographie, n'a aucune illusion sur le caractère soi-disant philanthropique de l'Etat du Congo. « Dans la pratique, dit-il (ce livre a été écrit à la fin de 1892), les clauses de l'Acte de Berlin sont une lettre morte. » Il signale déjà les abus dont sont victimes les indigènes.

Civilisation in Congoland, a story of international wrong doing, by H. R. Fox Bourne. With a prefatory note by the Right Hon. Sir Charles Dilke, M. P. — London, King and Son, 1903. — La préface de M. Fox Bourne est datée du 22 décembre 1902. Cet important ouvrage contient les plaintes contre l'administration du Congo antérieures à 1903. Indispensable pour l'historique du mouvement de protestation.

Pioneering on the Congo, by the Rev. W. Holman Bentley. 2 vol. The religious Tract Society 1900.

Thomas Comber, by John Brown Myers. — Ces deux livres retracent l'activité féconde des deux pionniers de la mission (avec Grenfell).

King Leopold's Rule in Africa, by E. D. Morel. With illustrations and maps. London, Heinemann, 1904. — Premier réquisitoire de M. Morel contre le souverain du Congo. Enregistre les plaintes nouvelles parvenues depuis la publication du livre de M. Fox Bourne.

Problèmes de l'Ouest Africain, par E. D. Morel, traduit de l'anglais par A. Duchêne, chef du Bureau de l'Afrique au Ministère des Colonies. Paris, Challamel, 1904. — Un fort volume de 344 pages, d'une documentation remarquable. La cinquième partie (environ 65 pages) est consacrée au Congo. M. Morel en signale les tares de main de maître. Donc *dès 1904,* le public de langue française avait déjà dans ces pages une précieuse source d'information. « Quand on connaît bien ce qu'est le système, disait M. Morel (p. 338), c'est un outrage au bon sens et aux convenances que d'écrire un mot pour excuser ce régime ou l'homme qui l'a fondé. »

The economic expansion of the Congo Free State, by Ch. Sarolea, Consul for the Congo Free State, dans le « Scottish Geographical Magazine », Avril 1905. — Panégyrique (par le consul d'un Etat esclavagiste) de la politique économique suivie par l'Etat. Illustré d'intéressantes phototypies.

The Life of Lord Granville, by Lord Edm. Fitzmaurice. London, Longmans, Green & Co. 1905. — Admirable biographie.

Red Rubber (le « Caoutchouc sanglant »), the story of the Rubber Slave trade flourishing on the Congo in the year of grace 1906, by E. D. Morel, with an introduction of Sir Harry Johnston, and two maps. London, Fisher Unwin, 1906. — C'est le célèbre ouvrage, la *Case de l'oncle Tom* de l'esclavage moderne, dont se sont écoulées déjà plusieurs éditions.

Official Organ of the Congo Reform Association. Le Bulletin mensuel de l'Association anglaise, rédigé par M. Morel. — Recueil d'une incomparable richesse. Lettres de missionnaires. Rapports consulaires. Textes des « Livres blancs ». Comptes-rendus de la Chambre des Communes et des Lords, etc.

Le Congo aux Etats-Unis. Une Agence de corruption à Washington. Comment l'Etat du Congo se défend à l'étranger. Les diplomates belges, serviteurs des agents de l'Absolutisme congolais, par E. D. Morel. — Une brochure de 29 pages. Bruxelles, Lambert 1907.

The Congo Crisis, by Grattan Guinness, 1908. — Appel chaleureux avec nombreux témoignages de missionnaires. Contient les photographies de Mrs. Harris.

George Grenfell and the Congo, by Sir Harry Johnston, 2 volumes. London, Hutchinson and Co. 1908. —

Magnifique ouvrage consacré à la biographie du grand missionnaire. Extrêmement sévère pour l administration léopoldienne.

Nombreux articles dans le *West African Mail*, revue dirigée par M. E. D. Morel, devenue récemment l'*African Mail*. 10 et 12, Pall Mall, Liverpool.

The Belgian Parliament and the Congo, par E. D. Morel, dans la « Contemporary Review » de septembre 1908. — L'auteur, par une argumentation serrée, fait ressortir l'insincérité de la majorité au pouvoir qui parle de réformes du bout des lèvres et entend maintenir un « système » lucratif.

A Memorial on native rights in the land and its fruits in the Congo territories annexed by Belgium (subject to international recognition) in August 1908, by E. D. Morel. London. Granville House (bureau de la « Congo Reform Association »), Arundel Street, Strand. Janvier 1909. — Dans un exposé lumineux, adressé à Sir Ed. Grey, M. Morel établit les droits des indigènes sur la terre et ses produits.

La Presse anglaise. — Sauf une ou deux exceptions, la presse anglaise (politique ou religieuse) a énergiquement soutenu le mouvement de réprobation contre les atrocités congolaises.

Un célèbre pasteur, M. R. J. Campbell, a même prononcé un sermon entier sur l' « Infamie congolaise », le 7 juillet 1907, et un second le 28 janvier 1909 (textes *in extenso* dans le *Christian Commonwealth* du 17 juillet 1907 et du 3 février 1909).

Le plus remarquable document paru dans la presse anglaise est le manifeste du *Times*, du 23 décembre 1908, où l'élite de l'Angleterre appuie de ses signatures la réplique de Sir E. Grey au Gouvernement belge (Voir le *Journal de Genève* du 15 janvier 1909 et ci-après, p. 290).

FRANCE

L'Afrique méridionale, tome XIII de la « Nouvelle Géographie universelle », d'Elisée Reclus. Paris, Hachette, 1888.

La Terre à vol d'oiseau, par Onésime Reclus. Paris, Hachette, 1885.

L'Expédition du Katanga, d'après les notes de voyage du marquis de Bonchamps, par René de Pont-Jest (1891-92) dans le « Tour du Monde », 1893.

Les campagnes du baron Dhanis au Congo, dans le « Tour du Monde » 1896, I.

Au Congo belge, par Pierre Mille. Paris, Colin 1899. — M. Pierre Mille est allé au Congo pour assister à l'inauguration du chemin de fer des cataractes, date importante pour l'histoire économique du pays.

L'Etat Indépendant du Congo, par Jean Darcy, dans le *Correspondant*. 1899. — L'étude est élogieuse dans son ensemble, mais l'auteur ne se fait aucune illusion sur la façon dont sont recrutés les soldats et les travailleurs.

Etudes sur l'Afrique, par H. Dehérain. Paris, Hachette, 1904. — Contient un chapitre sur « Charles-Henry Stokes, ex-missionnaire et traitant d'ivoire. »

L'Etat Indépendant du Congo. Esquisse militaire et politique, par le lieut.-colonel Bujac. — Paris, Charles-Lavauzelle. Préface datée du 1er février 1905. — Panégyrique. Le dernier chapitre, intitulé « le Conflit anglo-congolais » cherche à réfuter « les accusations de l'Angleterre ».

Les Illégalités et les Crimes du Congo. Discours et allocutions de MM. Frédéric Passy, Paul Viollet, Mathias Morhardt, Francis de Pressensé, Rouanet, abbé Pichot, Barot-Forlière, Pierre Quillard, Lagrosillère, Chastand, Delmont, Barré, au meeting de protestation du 31 octobre 1905. Une brochure de 70 pages, publiée par le Comité de protection et de défense des indigènes. — Il s'agit surtout dans ces pages du Congo français, mais ces critiques en franchissent les limites et ont une portée générale. M. Paul Viollet, dans son discours, rappelle que le Comité de protection et de défense des indigènes (dont il est le président) lança, en mars 1900, contre «ces habitudes de brigandage des gouvernements européens» une énergique protestation.

Le Congo léopoldien, par Pierre Mille, avec préface de E. D. Morel. Paris, Cahier de la Quinzaine du 28 novembre. — Ouvrage admirable (voir ci-dessus, p. 140, 177) qui pose définitivement la question du Congo devant le public français. Indispensable pour le recueil des dépositions des témoins que la commission d'enquête a entendus et dont les procès-verbaux ont été supprimés par l'Etat du Congo.

Les deux Congo devant la Belgique et devant la France, par Pierre Mille et Félicien Challaye. — Paris, Cahier de la Quinzaine du 22 avril 1906. — «On ne saurait trop répéter, dit M. Pierre Mille, que la question du Congo Léopoldien a été, en Belgique, quelque chose de fort analogue à l'affaire Dreyfus. Il y fut longtemps considéré comme une trahison contre la Belgique de dire que le roi Léopold et ses agents avaient commis et commettaient tous les jours, au Congo, des crimes qui outrageaient l'humanité, et que ces crimes étaient, non l'acte de quelques individus déséquilibrés, mais le résultat d'un système.» — Ce volume contient l'interpellation de M. Vandervelde et la discussion à laquelle elle a donné lieu dans les séances des 20, 27, 28 février et 2 mars 1906.

Les chefferies indigènes de l'Etat Indépendant du Congo et la réorganisation du Congo français, par Y.-M. Goblet. Tours, impr. Rivière, 1906. — Donne la législation léopoldienne comme un modèle à suivre par la France!

La Tragédie du Congo, par E. D. Morel, dans «La Revue» du 15 janvier 1907. Eloquente critique du «système» économique appliqué au Congo.

L'Etat Indépendant du Congo. La création, l'organisation, les résultats, les critiques, par Mgr A. Le Roy, dans « le Correspondant » du 10 juillet 1909. — Article décelant une curieuse mentalité. L'auteur, avec beaucoup de verve, reconnaît les abus fondamentaux, puis, comme s'il se repentait d'avoir été trop sévère, il finit par des compliments à l'endroit de l'administration du Congo et de la Belgique. Citons un des excellents passages. L'auteur dit que *Boula-Matari* (Léopold II ou l'Etat du Congo) s'est établi tuteur du Congolais, et il demande : « Qu'a-t-il fait pour son éducation ? Il a commencé, répond-on à Liverpool et ailleurs, par lui prendre tout son bien : terres, sol, sous-sol et produits de l'un et de l'autre... » Toute la suite est à lire.

Le Congo et la Belgique, par Georges Lorand, député belge, dans « la Grande Revue » du 10 novembre 1907. — Excellent article. M. Lorand est un des hommes qui connaissent le sujet à fond.

La Belgique et le Congo, par Félicien Challaye, président de la Ligue française pour la défense des indigènes dans le Bassin conventionnel du Congo. *Revue de Paris* 1er mai 1908.

Le Congo et les Puissances, par le même. Même revue, 15 septembre 1908. — Exposé magistral de la question, en ces deux articles.

La question du « Congo belge », par M. le baron Jehan de Witte, dans la « Revue des Deux mondes » du 15 mai 1908. — Exposé des conditions de la reprise par la Belgique. Information insuffisante. L'auteur semble croire quelque peu à la légende des « marchands de Liverpool », alors que le plus important « marchand de Liverpool », sir Alfred Jones, consul de l'Etat Indépendant, s'est montré un léopoldien acharné. Mais l'auteur reconnaît loyalement le « sincère sentiment d'indignation » des membres de la *Congo Reform Association*.

Nombreux articles dans « l'Européen » et le « Courrier

européen ». Articles de M. Félicien Challaye dans les
« Documents du Progrès », dans la « Revue du Mois »
et dans « Foi et Vie » (n° du 16 décembre 1908 : *La
situation des indigènes dans le bassin du Congo*).

La mission baptiste du Congo. Les pionniers. Bentley,
Grenfell, etc., par Ch. Mercier, Daniel Couve, dans le
Journal des missions évangéliques 1908. Paris, 102, bou-
levard Arago.

Le voyage au Congo Belge du député Vandervelde, par
D. Couve, dans le même *Journal*, n° de janvier 1909.

La Presse française. — Voir ce qui a été dit plus haut.
Le sujet est peu édifiant. On peut lire dans la brochure de
M. Mouthon, *Du bluff au chantage*, Paris 1908, le chapitre I, intitulé « la Chanson du Roi ». Il s'agit du roi
des Belges.

SUISSE

L'Afrique explorée et civilisée. Revue fondée en 1879 par
M. Moynier. Son dernier fascicule est du 6 août 1894.

*La Fondation de l'Etat Indépendant du Congo au point
de vue juridique* par Gustave Moynier, docteur en droit,
correspondant de l'Institut de France. Extrait du compte
rendu des séances et travaux de l'Académie des sciences
morales et politiques. Paris, 1887. — Le nom de l'auteur
de cette brochure de 40 pages, et la date où elle fut
publiée, en indiquent suffisamment l'importance et l'intérêt. Voir ci-dessus, p. 49.

M. Moynier a été consul général de l'Etat Indépendant
du Congo de 1890 à 1904.

*Le Devoir des chrétiens évangéliques dans la question de
l'esclavage en Afrique*, par L. Ruffet. Dole, Typogr.
Blind-Frank 1891. — L'auteur de cet éloquent appel
ayant rencontré Stanley dans les montagnes de la Suisse,
lui demanda comment nous pourrions le mieux servir la

cause des noirs. « Par la propagande », répondit le grand explorateur.

Léopold II et le Congo. Nos fils au continent noir, par J. Boillot-Robert, consul de S. M. le roi des Belges. Neuchâtel, Attinger. Paris, Bureau de vente des Publications officielles, 10, Galerie d'Orléans. — Anvers, Jean Pauwels, directeur de la *Tribune Congolaise.* — Sans date, mais a été publié après la note anglaise du 8 août 1903, dont l'auteur reproduit le texte, ainsi que celui de la note de l'Etat Indépendant du Congo, signée par le chevalier de Cuvelier le 17 septembre.

Panégyrique en vue d'encourager les jeunes Suisses à s'engager au service de l'Etat léopoldien. Belles phototypies, dont l'une, représentant une négresse, est naïvement intitulée « femme de blanc »!... Panégyrique qui se retourne contre l'auteur et contre l'« Etat ».

Tun und Herrlichkeit in der Mission, von L.-J. Frohnmeyer. Basel, 1907. — Excellent opuscule.

Au Congo, conférence faite à la Société de Géographie de Genève, le 18 mai 1906, par M. Thévoz, administrateur au service de l'Etat du Congo (Voir le *Globe* de 1906). — M. Thévoz, comme la plupart des anciens agents du Congo, n'a été témoin « d'aucun de ces actes d'atrocité que certains journaux ont mentionnés ces derniers temps ».

Red Rubber et *Le Congo colonie belge* par Albert Bonnard dans la *Semaine littéraire* des 22 février et 29 août 1908. — Vigoureux articles. Dans le second, l'auteur accentue encore le sentiment de réprobation qu'il éprouve devant le « Rubber system » et il souligne le fait que « les ministres n'ont pas réussi malgré une grosse dépense de rhétorique à déterminer pour l'annexion un élan national ».

Kongo dans l'« Evangelisches Missions-Magazin » de Bâle. Numéro d'octobre 1908. — Récit des atrocités dont le missionnaire Kirby a été témoin en 1908.

Le voyage du capitaine Bjœrnebœ, par Daniel Bersot, dans

la *Semaine littéraire* des 3, 19 et 26 octobre 1908. —
Sous un cadre fictif, M. Bersot, qui s'était engagé il y a
quelques années au service de l'Etat Indépendant,
raconte ses expériences d'une façon extrêmement pitto-
resque et émouvante.

Das Schicksal des Kongo in der Gegenwart und Zukunft.
Eine Gewissensfrage an die Menschheit. Im Auftrage
der schweizerischen Liga zum Schutz der Eingeborenen
im Kongostaat, von Dr H. Christ-Socin, Vize präsident.
Der Reinertrag ist für die genannte Liga bestimmt. Prix
80 cent. Bâle, Helbing et Lichtenhahn, 1908. — « En
quelques pages claires, documentées, incisives, émou-
vantes par leur sobriété même et par les faits atroces
qu'elles dévoilent, l'auteur fait la plus éloquente propagande en faveur de *la Ligue pour la défense des indigènes, au Congo.* Il s'agit bien là d'une *question de
conscience* posée à l'humanité, par conséquent à chacun
de nous ; et chacun de nous peut y répondre, en ap-
puyant de son nom le mouvement destiné à rétablir la
liberté du commerce dans le bassin conventionnel du
Congo, et à agir auprès des gouvernements pour imposer
le respect de l'acte de Berlin de 1885. » (F. D. dans l'*Essor*).

Wie es im Kongostaat zugeht. Skizzen von Erwin Feder-
spiel, ehemaliger Kommandant des Stanley-Falls Dis-
trikts (84 Seiten). Zürich 1909. Verlag : Art. Institut Orell
Füssli. 1 Fr. — Les 34 premières pages sont une réponse
à la brochure précédente par un Suisse qui fut au service
de l'Etat esclavagiste. L'auteur imite M. Thévoz et
nous assure que rien d'illégal n'a été commis dans son
district.

Les mutilations au Congo, par René Claparède, dans
l'« Almanach des Missions évangéliques » pour 1909.
Bâle, Librairie des Missions. Paris, Fischbacher.

La presse suisse. — Nous croyons ne pas trop nous
avancer en disant que la presse suisse, dans sa grande ma-

jorité, n'est pas corruptible. On le sait dans les « bureaux de la presse » et, pour la gagner ou l'amadouer, on s'y prend autrement qu'avec des chèques habilement envoyés au moment opportun. A propos du Congo, certaines informations ou correspondances tendancieuses étaient savamment envoyées de Bruxelles à divers journaux, lesquels inséraient sans défiance Cela retarda incontestablement l'heure inévitable où la vérité devait éclater. Enfin successivement ou simultanément le *Signal de Genève*, en premier lieu, ensuite l'*Essor* et le *Journal de Genève* dès 1906, la *Gazette de Lausanne* (1907), la *Feuille d'Avis de Neuchâtel*, la *Suisse libérale* et la *Feuille d'Avis de la Chaux-de-Fonds* (1908), puis la *Tribune de Genève*, les *Basler Nachrichten*[1], le *Bund*, etc., révélèrent à leur lecteurs le « système » léopoldien. Les journaux religieux, sauf l'*Essor*, le *Christlicher Volksbote*, de Bâle, le *Christlicher Volksfreund*, de Zurich, et peut-être quelques autres, loin de suivre l'exemple de la presse religieuse anglaise et écossaise, insérèrent simplement les communiqués.

Quelques protestations de Belges habitant la Suisse, ou de Suisses ayant été au service de l'Etat du Congo, furent aussi publiées dans les journaux suisses.

ÉTATS-UNIS

Actual Africa or the coming Continent, by Frank Vincent. New-York. Appleton 1895. — Livre d'un globe-trotter.
King Leopold's Soliloquy, by Mark Twain, second edition. Warren, Boston 1905. — Le spirituel auteur met en scène le roi Léopold lui-même qui, en déblatérant contre les publicistes qui parlent trop, avoue ses innocentes pecca-

---

[1] Les *Basler Nachrichten* du 24 juin 1906 avaient déjà mis en lumière ce que la lettre du Roi-Souverain du Congo à ses trois secrétaires généraux à l'occasion du décret réformiste du 3 juin avait de « prodigieux ». C'était une profession d'autocratie qui confinait au cynisme.

dilles, c'est-à-dire le travail forcé, la chicotte, les mutilations, etc.

The Congo News Letter, Bulletin de la « Congo Reform
Association » américaine. Boston.

Nombreux articles dans l'*Outlook*, de New-York.

The Congo Question and the « Belgian Solution », by John
Daniels, corresponding secretary of the Congo Reform
Association. — Tirage à part de la « North American
Review », décembre 1908. — Solide article, où l'auteur
démontre clairement pourquoi la prétendue « solution
belge » n'est pas une solution.

Congo Misrule today, a crushing official condemnation.
The Latest Evidence. — Extraits des rapports officiels
adressés au Département d'Etat par les consuls généraux
et par le vice-consul général américains dans l'Etat libre
du Congo, publiés avec l'autorisation du Département
d'Etat par la Congo Reform Association Américaine, le
12 décembre 1908. Boston, 723, Tremont Temple. (Voir
p. 292).

La presse américaine. — Voir ci-dessus (Angleterre)
pour les tentatives de corruption de la presse aux Etats-
Unis.

ALLEMAGNE

Denkschrift über die Kongofrage, von Ludw. Deuss.
Hambourg, 1905.

Professor Félicien Cattier und der Kongostaat, du même
auteur. Hambourg, 1906. — M. Deuss est un partisan
décidé des réformes.

Zur Kongofrage, von Oberregierungsrat Schreiber. —
Dans la revue « Die Deutchen Kolonien », n⁰ˢ 4 et 5 de
l'année 1907 et 6, 7 et 8 de 1908. Berlin, Süsserott.

Der Kongostaat und England, par le même auteur.
Tirage à part de la « Zeitschrift für Kolonialpolitik,
Kolonialrecht und Kolonialwirtschaft ». Berlin, 1908,

Heft 9. — M. Schreiber ne daigne pas s'occuper de la question des abus. Il approuve l'absolutisme léopoldien et ne souhaite qu'une chose, c'est que cet absolutisme continue sous le régime belge. Quant à l'Angleterre, elle n'a, d'après l'auteur, que des visées égoïstes.

Deutschland und der Kongostaat, von Ernst Vohsen. Un appel aux Chambres de Commerce allemandes. — Etude purement économique, mais faite dans un excellent esprit. M. Vohsen, auteur de l'article du « Berliner Tagblatt » dont il a été parlé ci-dessus, p. 192, vient de fonder une revue mensuelle, la « Koloniale Rundschau » sur laquelle on est en droit de fonder les plus grandes espérances. Son premier numéro vient de paraître (janvier 1909). Il contient un compte rendu de la brochure *Das Schicksal des Kongo,* par le Dr Christ-Socin, où il est dit : « L'auteur s'appuie sur des témoins, de la véracité desquels l'on n'a aucun droit de douter ».

La presse allemande. — On comprend que la presse allemande se soit tenue à l'endroit du Congo sur une prudente réserve. Néanmoins, d'après le *Patriote*, de Bruxelles, le Bureau de la Presse a cru devoir étendre ses ramifications en Allemagne. La décision fut prise le 24 septembre 1904, quelques mois après la fondation de la « Congo Reform Association » anglaise. Le *Patriote* s'exprime ainsi : « Il est institué en Allemagne, sous la dénomination de « Comité pour la représentation des intérêts coloniaux, en Afrique », un Bureau central de la Presse. Le Siège du Comité est à Francfort. Secrétaire général : M. le Dr Kulbo. Secrétaire adjoint : un résident à désigner à Francfort. Membres : Les consuls généraux de Belgique, à Cologne, Munich, Francfort, et quelques personnalités allemandes à désigner... Le consul à Munich, M. Steub, sera le trésorier ; on peut lui envoyer un chèque de 10.000 fr. pour les frais du premier semestre. Les arrangements sont pris pour une année. »

Le 24 janvier 1905, M. Liebrechts, un des trois secrétaires généraux de l'Etat du Congo, écrivait à M. Steub, consul général de Belgique à Munich, pour approuver son projet de budget auquel figuraient 7000 francs sous la rubrique « frais d'agitation ». Il ajoutait : « Il est bien entendu qu'à l'article IV (frais d'agitation), le crédit pourra être majoré au besoin de 10.000 fr... »

Ces révélations du *Patriote*, qui publie la correspondance détaillée de M. Liebrechts — dont nous ne donnons ici qu'un court échantillon — avec les consuls de Cologne et de Munich, provoquèrent une interpellation de M. Royer à la Chambre belge. (Voir le *Patriote* du 21 août 1908.)

Voir aussi la *Münchner Post* des 6, 12 et 21 Janvier 1909, où l'on voit que M. Scharre, rédacteur d'un journal munichois, ayant accusé M. Mohr, rédacteur d'un autre journal, d'avoir reçu de l'argent du Congo, ce dernier lui intenta un procès en diffamation, mais que, sur l'intervention du comité de l'Association des journalistes et des écrivains, la plainte fut retirée. La *Münchner Post* raille ce comité qui préfère les ténèbres à la lumière. Dans son numéro du 9 janvier, le même journal contient un excellent exposé de la déchéance de l'Etat du Congo.

Annexes.

ANNEXE I

Les décorations de Grenfell.

Grenfell, le plus grand missionnaire du Congo, un des plus grands explorateurs et le meilleur cartographe de ces régions, a prononcé, peu de mois avant sa mort, un discours à la conférence missionnaire de Kinchassa, le 11 janvier 1906. Nous en extrayons le passage suivant, dont on comprendra la valeur venant d'un tel homme :

« Quand je vins pour la première fois au Congo, il n'y avait aucun pouvoir civilisé. Les commerçants faisaient eux-mêmes la loi et j'avais vu les résultats funestes de ce système au Caméroun. Il n'y avait alors pas un seul missionnaire de la Croix dans le pays.

Je soupirais après l'arrivée d'une puissance européenne. Je me réjouissais à la perspective de temps meilleurs. Je voyais la chute des Arabes. Je voyais la porte fermée à l'alcoolisme, et quand Sa Majesté me décora, j'étais fier de porter ses décorations.

Mais lorsque le régime passa de la philanthropie à l'intérêt personnel (*self-seeking*) de l'espèce la plus vile et la plus cruelle, je ne fus plus fier de mes décorations.

Nous servons un grand Maître. Nous sommes du

côté où l'on remporte la victoire. La victoire n'est pas incertaine. La vérité est forte et elle prévaudra. Nous rencontrons des obstacles devant nous, mais nous ne sommes pas découragés. »

ANNEXE II

M. de Schumacher et la mission anglaise.

M. E. de Schumacher, Conseiller d'Etat de Lucerne, mort le 30 août 1908, fit partie de la Commission d'enquête envoyée au Congo en 1904. En 1906, le missionnaire Rév. Harris, de la *Congo Balolo Mission*, de retour en Europe, avait écrit à M. de Schumacher, pour le consulter au sujet de la non-publication, déplorée par tous les amis de la vérité, des dépositions faites devant la Commission d'enquête.

M. de Schumacher répondit ainsi qu'il suit à M. Harris :

Je crois à mon grand regret, ne pas pouvoir répondre à la question que vous m'adressez. En déposant notre rapport, nous avons remis tous les procès-verbaux, ainsi que tous les autres documents au gouvernement de l'Etat du Congo, et il me semble qu'il ne dépend pas de moi d'émettre une opinion sur la question de la publication. Quant aux réformes, j'espère que, loyalement mises à exécution, elles contribueront à améliorer le sort des pauvres noirs qui ont trouvé en vous et en votre mission les amis les plus dévoués. Il en sera ainsi surtout lorsque l'innovation, peut-être la plus importante que nous avons proposée, l'indépendance de la magistrature vis-à-vis du gouvernement local, aura été acceptée comme nos autres propositions [1].

L'importance de cet éloge des missionnaires protestants par un magistrat catholique qui, durant plusieurs semaines, avait entendu leurs dépositions au Congo même, ne saurait échapper à personne. La *Congo Balolo Mission* est la mission à laquelle appartient M. Stannard, le missionnaire qui fut poursuivi pour diffamation par le commandant Hagstrom et que le tribunal de Boma n'a pu faire autrement que d'acquitter.

ANNEXE III

Le comte Goblet d'Alviella et le Congo

Le comte Eugène Goblet d'Alviella, né le 10 août 1846, fit partie en 1872 de l'expédition du général belge Lacroix dans le Sahara. Il fut un des représentants de la Belgique à la conférence géographique de Bruxelles, aux côtés d'hommes comme Lambermont, Banning, M. Maunoir, sir John Kennaway, etc. M. Goblet d'Alviella est actuellement professeur d'histoire des religions à l'Université de Bruxelles.

« M. Goblet d'Alviella, dit le journal belge *La Dernière Heure*, est au Sénat le dernier survivant de ceux que le Roi convoqua en 1876 à la Conférence internationale africaine d'où est sorti le germe de l'Etat Indépendant du Congo. Il fut parmi les enthousiastes

1 Voir le *Patriote* de Bruxelles du 17 août 1906.

de la période héroïque de la colonisation du Congo. »

Le 28 août 1908, le comte Goblet d'Alviella prononçait au Sénat un grand discours lors du débat sur l'annexion. Après avoir rappelé les origines de l'Etat, il en venait à la période des difficultés financières (1890) qui obligèrent le souverain du Congo à se tourner vers la Belgique pour lui emprunter 25 millions et il ajoutait :

Le sentiment qui dominait alors dans le pays était une profonde admiration pour l'œuvre du Roi.

Je me souviens encore d'une année où les auteurs de toutes les adresses lues au Palais le 1er janvier, environ vingt-cinq, avaient, sans s'être donné le mot, choisi, comme leur thème principal ou accessoire, des dithyrambes en l'honneur de la colonisation du Congo et des avantages qui devaient en résulter pour notre pays. Je sais bien qu'on ne va pas au Palais le 1er janvier pour dire des choses désagréables à Sa Majesté. Mais ces compliments de cour répondaient incontestablement à l'état de l'opinion, comme en témoigne le langage unanime et sincère de la presse de cette époque.

Aujourd'hui, nous avons des congophobes et des congolâtres. A cette époque, il n'y avait guère dans la nation que des congophiles.

Comment donc et pourquoi ce bel enthousiasme s'est-il évaporé? Pourquoi aujourd'hui le Congo est-il devenu si impopulaire que ses partisans n'auraient plus osé affronter la consultation nationale récemment proposée ici par l'honorable M. Hanrez; si impopulaire que, malgré les influences de toute nature mises en jeu, on n'a su provoquer, en dehors d'Anvers, le moindre mouvement sérieux pour la reprise...

Ce revirement tient à deux causes :

La première, c'est la modification, on peut presque dire la révolution qui s'est opérée en 1892 dans la politique économique de l'Etat du Congo. Pendant les six premières années de son existence, cette politique était restée conforme aux promesses de sa fondation et aux conditions formulées par l'acte de Berlin.

Mais voici que tout change à la suite d'un décret rendu en septembre 1891 et non inséré au *Bulletin officiel*. Les fonctionnaires de certains districts y étaient confidentiellement invités à prendre « des mesures urgentes et nécessaires pour conserver à l'Etat les produits domaniaux notamment l'ivoire et le caoutchouc ». C'était le début d'un régime qui devait aboutir à l'accaparement du sol par l'Etat, à la suppression virtuelle de la liberté du commerce et à l'exploitation des indigènes substituée à l'amélioration de leur sort comme but essentiel de la colonisation.

On disait aux commerçants qu'ils étaient libres de venir acheter des produits, mais on interdisait aux indigènes de les recueillir et de les vendre. On permettait aux étrangers de s'établir où ils voulaient ; mais l'Etat seul pouvait leur vendre des terrains et il se réservait de n'en vendre qu'aux *persona grata* ou aux sociétés dans lesquelles il était intéressé.

D'autre part, il ne pouvait suffire à l'Etat de s'approprier les produits du sol, il fallait encore les récolter, et seul les indigènes pouvaient le faire. De là le rétablissement d'un véritable esclavage ironiquement déguisé sous l'euphémisme de travail forcé.

Inutile d'insister sur les conséquences. Je ne demande qu'à ne pas m'étendre sur ce chapitre lamentable de notre expansion mondiale...

Ce régime ne s'établit point sans protestation. Il y eut d'abord les réclamations des sociétés qui s'étaient fondées sur la garantie de la liberté du commerce. Elles durent s'incliner devant la loi du plus fort. Le gouverneur général, l'honorable M. Janssens, un administrateur de haute valeur, donna sa démission et quitta le service de l'Etat. Banning et Lambermont se prononcèrent courageusement dans le même sens. M. Beernaert, alors ministre des affaires étrangères, adressa à l'Etat Indépendant du Congo une note qui était une véritable protestation contre la nouvelle politique. Rien n'y fit !

Le Sénat comprend que toute la question roule autour de l'expression : terres vacantes, et ici quelques éclaircissements seront d'autant moins inutiles que tous les documents qui nous ont été distribués — sauf peut-être l'œuvre de nos deux rapporteurs — se taisent sur tout ce côté capital de la question.

Les nègres ignorent l'appropriation individuelle du sol. Celui-ci est la propriété collective du village ou de la tribu.

Or, tous ceux qui ont visité l'Afrique sont d'accord sur ce point : la propriété collective du village ou de la tribu ne comporte pas seulement la jouissance des huttes et des cultures environnantes, mais encore une zone plus étendue dans laquelle les indigènes transportent leur établissement, lorsqu'ils ont épuisé le sol antérieurement occupé. Je recommanderai à cet égard la lecture des articles publiés avec une rare compétence, par M. Touchard, dans le *Mouvement géographique.*

L'orateur s'étend longuement sur cette spoliation des terres et sur les réformes illusoires proposées en 1906. Il fait sienne cette déclaration de M. Claeys-Bouuaert dans le rapport présenté au nom de la Commission des XVII du Sénat :

« La vérification des droits terriens des indigènes aurait, en général, dû précéder l'octroi des concessions aux Belges et aux étrangers.

« Dans les territoires où les concessions ont été accordées, soit environ le cinquième de l'Etat, les droits octroyés aux concessionnaires doivent donc fléchir devant les droits primordiaux des indigènes. »

Les vues du gouvernement, demande alors M. Goblet d'Alviella, sont-elles d'accord avec cette interprétation de l'honorable rapporteur de notre commission ?

Mais alors qu'adviendra-t-il des concessionnaires ? Vont-ils accepter cette solution et faire leur nuit du 4 août ? Et s'ils regimbent, le Congo ne va-t-il pas se trouver aux prises avec ce dilemme ; ou bien maintenir le régime actuel en jetant un défi à l'opinion publique de la Belgique aussi bien que de l'étranger, ou bien payer de formidables dommages-intérêts, parce que l'Etat du Congo aurait vendu ce qui ne lui appartenait point ?

Je suis le premier à déclarer que nous devons avoir souci de la dignité du pays dans nos relations avec l'étranger et qu'il ne nous faut pas hasarder ici des réflexions ou des considérations qui, dans des négociations diplomatiques, pourraient desservir les intérêts du pays ; ceux-ci doivent rester supérieurs à nos discussions. D'un autre côté il ne faut pas, sous prétexte de ne point gêner des négociations en cours, que, à l'heure où l'on nous demande de sanctionner une des décisions les plus graves de notre histoire parlementaire, on nous interdise de rechercher où cette décision peut nous mener. Ce serait pratiquer la politique de l'autruche qui, à la vue des chasseurs, se cache la tête dans le sable. Pareille politique peut servir les combinaisons ministérielles ; elle n'est pas digne du parlement ni surtout du Sénat. (*Très bien, à gauche.*)

Je vous disais qu'une autre raison encore a contribué à provoquer les défiances de l'opinion en ce qui concerne la reprise du Congo.

C'est la façon dont on s'y est pris pour le faire reprendre, et ici la responsabilité du gouvernement belge est directement en jeu.

Ce qui a surtout indisposé l'opinion, ce sont les marchandages dont le gouvernement a été l'instrument sinon l'auteur, demandant le plus pour obtenir le moins, essayant de dissimuler les points faibles, bluffant au contraire les moindres avantages, disputant le terrain pied à pied même contre ses propres amis politiques, répondant à côté quand on posait des questions embarrassantes, s'efforçant sans cesse de revenir par l'équivoque des textes sur les concessions péniblement arrachées, bien plus transformant en lèse-patriotisme voire en complicité avec l'étranger les légitimes appréhensions de ceux qui se refusaient à fermer les yeux soit sur les abus du régime congolais, soit sur les périls de la situation internationale. Vous avez voulu jouer au plus fin avec le pays et c'est ce que le pays ne vous pardonnera pas. *(Rumeurs à droite.)*

ANNEXE IV

M. Vandervelde, le travail forcé et le budget du Congo belge

> *L'habitude du travail volontaire peut seule faire évoluer ces populations primitives... Du libre travail résulte le progrès spontané des races indigènes.*
> Félicien CHALLAYE.
> *(Revue de Paris, 1ᵉʳ mai 1908.)*

La Chambre des Représentants a abordé le 17 décembre 1908 la discussion du budget du Congo belge pour l'exercice 1909. M. Vandervelde, dont on connaît le récent voyage au Congo, a pris une part importante au débat, et ses déclarations méritent d'autant plus d'être reproduites que certaines informations tendancieuses avaient cherché à le faire passer, à son retour, pour converti au système. On verra par ses paroles mêmes ce qu'il faut penser de pareilles assertions.

Après avoir indiqué les raisons pour lesquelles lui et son parti voteront contre le budget du Congo, dont l'une est que « le budget qui nous est présenté repose tout entier sur la confiscation des terres des indigènes et sur le travail forcé, » il ajoute :

Je ne demanderai pas à l'honorable ministre pourquoi il a consenti a présenter pareil budget ? Je me rends parfaitement compte des difficultés de sa situation ; je comprends qu'il n'est pas sur un lit de roses. Mais j'ai le droit de lui demander ce qu'il compte faire dans l'avenir et je le lui demande parce que je considère que c'est pour nous un devoir de conscience que de ne point laisser passer ce premier budget sans protester contre la contiuation d'un régime qui soumet à un véritable servage les indigènes du Congo. Et j'aime à croire que l'on ne me répondra plus par des arguties juridiques. On nous a dit souvent, quand nous parlions de la confiscation des terres et du travail forcé :

Nous ne faisons que nous approprier les terres vacantes et établir des impôts en travail.

L'Etat a le droit de s'approprier les terres vacantes, soit. Seulement, y a-t-il au Congo des terres vacantes ? C'est possible, dans certaines régions désertes, mais ce que je puis affirmer, c'est que je n'en ai point vu. Sans doute, la plus grande partie des terres n'est pas occupée par les villages ou par les cultures des indigènes ; mais on peut dire que, sauf des exceptions d'ailleurs hypothétiques, l'ensemble du territoire est partagé entre les différentes communautés de villages. Lorsqu'on se trouve chez un chef, rien n'est plus facile que de savoir où s'arrête son territoire, où commence le territoire d'un autre chef. C'est sur ce territoire indivis que les indigènes exerçaient, avant l'arrivée des Européens des droits d'usage. Aujourd'hui encore, ils y établissent des plantations, qui changent d'année en année, comme chez nous au temps des Germains ; ils vont dans la forêt récolter des fruits ou du miel sauvage, chercher du bois de chauffage, du bois de construction, des matériaux pour leurs chimbèkes ; ils chassent, ils pêchent ; en un mot, ils se servent du territoire collectif de la communauté suivant leurs anciennes traditions.

Certes, ils ne s'en sont pas déclarés propriétaires, ils n'ont pas eu souci de la qualification juridique du lieu d'occupation, et l'on en profite pour dire que ces terres étaient vacantes.

Ce que l'Etat Indépendant du Congo a fait est bien simple. Il a dit : Vous usez, de certaines manières, du sol que vous occupez ; nous respecterons vos usages : chassez, pêchez, recueillez les fruits, prenez du bois de chauffage, du bois de construction : vous êtes libres. Mais tout ce que vous ne faites pas, nous le ferons à votre place. Par exemple, dans beaucoup de régions, dans la plupart même des régions, vous ne récoltez pas le caoutchouc, ce caoutchouc nous appartient, la forêt est à nous ; et si, plus tard, vous avez besoin de matière commerçable, si vous voyez un avantage à échanger le caoutchouc de vos forêts contre des marchandises du dehors, vous n'en aurez pas le droit. Si vous ne remettez pas ce caoutchouc à l'Etat, vous êtes des voleurs. Si un marchand vous en achète c'est un receleur. Les fruits domaniaux nous appartiennent ; l'ivoire, le copal, le caoutchouc sont des fruits du domaine. Ils sont la propriété de l'Etat et non des communautés de village.

Et, messieurs, cela étant, que devait-il arriver ? C'est que, pour un travail comme celui du caoutchouc par exemple, l'indigène n'avait plus guère d'intérêt à travailler. On ne lui payait pas la valeur du produit qu'il récoltait ; on lui payait simplement — et à quel taux ! — la valeur de son travail. Pour un travail de deux ou trois semaines dans la forêt, on lui donnait quelques briques de savon, quelques machettes, ou d'autres objets de pacotille européenne. Comme les indigènes trouvaient que la récompense n'en valait pas la peine, ils se refusaient à travailler.

Si l'on voulait alors que le caoutchouc fût récolté, si l'on voulait que le domaine rapportât quelque chose, que falait-il faire ? Il fallait nécessairement établir le régime du travail forcé.

Ah ! je sais que, de même que l'on prétend ne pas avoir pris les terres des indigènes, on prétend ne pas avoir établi le travail forcé et on dit : « Ce que nous avons établi au Congo, c'est l'impôt en nature, c'est l'impôt en travail. »

Messieurs, il y a longtemps que l'on a réfuté pareille affirmation, car l'idée même de rémunération d'un travail est absolument exclusive de l'idée d'impôt. La vérité est que les 16 millions qui figurent au budget comme recettes du Domaine proviennent uniquement du travail forcé, c'est-à-dire d'un régime de travail qui n'existe plus guère que dans le Congo léopoldien, devenu le Congo belge.

Voilà, messieurs, contre quoi nous avons depuis longtemps protesté. Nous avons demandé que l'on rende leurs terres aux indigènes ; qu'on leur accorde le droit aux produits naturels de leurs forêts, qu'on établisse, à la fois, la liberté du travail et la liberté du commerce.

M. Vandervelde parle ensuite d'atrocités qui se sont passées récemment dans le territoire du Kasaï et dans la zone de la Mongala, telles qu'un évêque catholique, Mgr. van Ronslé dénonçait, dans une lettre à la justice congolaise, le lieutenant Arnold, chef de zone à la Mongala. Le nègre a horreur de la corvée du caoutchouc, « qui, dans son esprit, se présente sans doute comme le symbole de son esclavage ». A l'aversion du nègre pour ce travail se joint l'appauvrissement partiel des forêts. Ces deux causes réunies amèneront un déficit considérable de la production du caoutchouc.

Et puisqu'il en est ainsi, puisque le système du travail forcé fait banqueroute, n'est-il pas logique d'affirmer qu'il faut substituer à ce système un système nouveau, fondé sur des principes radicalement opposés ? Cela nous l'avons toujours soutenu ; nous le disons encore, et en le demandant nous ne demandons rien d'excessif, car ce que nous voulons, c'est ce qui est le droit commun dans toutes les colonies anglaises et françaises de l'Afrique occidentale.

Nous demandons l'abolition radicale du travail forcé, à commencer par le travail du caoutchouc ; la reconnaissance du droit des indigènes sur les produits naturels de leurs forêts, et, enfin, la généralisation de la monnaie.

Nous demandons l'abolition du travail forcé : il n'existe plus guère qu'au Congo !

Comme le faisait remarquer M. Lorand, on peut encore, dans certaines colonies, obliger les indigènes à curer les fossés, ou à travailler aux routes, mais nulle part on ne les oblige à la récolte du caoutchouc.

Nous demandons encore que l'on rende aux indigènes leurs terres et qu'on leur reconnaisse un droit de propriété sur les produits naturels du sol ; que l'on proclame la liberté commerciale. En demandant cela, nous, socialistes, nous sommes d'accord avec des économistes comme M. Leroy-Beaulieu et nous ne demandons, en définitive, que ce qui existe ailleurs.

Il ne s'agit pas, bien entendu, pour l'Etat de renoncer à son domaine éminent sur le sol, de renoncer à son droit de réglementer les récoltes, et, le cas échéant, de faire payer aux commerçants une taxe domaniale. Seulement, quand il arrivera aux indigènes de trouver dans leurs forêts du caoutchouc ou de l'ivoire, nous demandons que leur récolte reste leur propriété et qu'ils puissent la vendre à qui ils veulent. (*Très bien ! très bien ! à gauche.*)

Plus loin, M. Vandervelde revient sur la question du déficit certain, et il s'écrie :

Dès lors, j'ai le droit de poser à l'honorable ministre des colonies les questions que je lui posais en commençant ;

Votre budget est fondé sur le travail forcé, sur le servage des indigènes. Pouvons-nous espérer que le prochain budget sera un budget de réformes ? Vous avez été d'un optimisme déconcertant dans la discussion du traité de reprise. Cet optimisme, l'avez-vous encore ?

Quant à moi, je crains fort qu'on ne déchante avant peu et que, tôt ou tard, devant un déficit que l'on ne pourra plus combler par l'emprunt, on s'adresse aux contribuables. Eh bien, ce jour-là, messieurs, nous répondrons au gouvernement : Adressez-vous à ceux qui ont profité, qui profitent ou profiteront du Congo ! Adressez-vous au Roi, qui continuera à toucher les millions de ses annuités pendant que le budget du Congo sera en déficit ! Adressez-vous aux compagnies concessionnaires, à qui l'on a aliéné les meilleures parties du territoire du Congo ! Adressez-vous aux classes possédantes qui seules tireront un profit direct de l'expansion coloniale ! Mais ce que nous n'admettrons jamais, c'est que ce soient les paysans et les travailleurs belges qui doivent payer la rançon des serfs de Léopold II ! (*Très bien ! et vive approbation à l'extrême gauche.*)

Ce discours fut suivi d'un long et stérile débat dont M. Georges Lorand a essayé de dégager la philosophie.

M. Lorand. — Je constate que la première discussion du budget des colonies va se passer sans laisser autre chose après elle que le discours de l'honorable M. Vandervelde, qui expose les résultats de son voyage au Congo, et cette déclaration du ministre, plutôt inquiétante, et qui ne paraîtra peut-être pas partout excellente, que la situation du Congo, au moment ou nous sommes, est satisfaisante.

Voyant qu'à la fin de cette séance, il ne restait plus que cinq ou six membres à droite, M. Lorand s'est écrié : « Et c'est ça qu'on appelle le contrôle du budget des colonies ! Ce qui se passe prouve bien que, comme je l'ai toujours dit, le contrôle colonial du parlement est un vrai simulacre, pour ne pas dire une farce. »

ANNEXE V

LA SITUATION DIPLOMATIQUE

La réplique de Sir Ed. Grey au gouvernement belge. — Publication de rapports consulaires en Angleterre et aux Etats-Unis. — L'attitude de M. Elihu Root. — France et Allemagne.

> *Le travail forcé qui existe au Congo n'est que l'esclavage sous un autre nom.*
> Sir Ed. GREY.

Après quatre mois de recueillement, Sir Ed. Grey a publié, dans un *Livre blanc* distribué au Parlement le 24 novembre 1908, sa réplique au mémorandum du gouvernement belge du 13 juillet.

Ce mémorandum belge, en réponse à un premier mémorandum anglais du 23 juin, contenait deux documents, une lettre de M. Davignon, ministre des affaires étrangères, et un mémoire concernant les réformes projetées. Dans sa lettre, le ministre belge déclarait qu'il était impossible à son gouvernement de voir en quoi les intérêts légitimes de la Grande-Bretagne pouvaient être lésés par l'annexion du Congo, et il se demandait si le gouvernement belge, en réalité, était tenu, d'après la lettre des traités, de notifier aux puissances signataires de l'Acte de Berlin le fait de l'annexion, mettant ainsi en doute le droit de l'Angleterre de poser des conditions avant de reconnaître l'annexion par la Belgique.

Répondant d'abord à M. Davignon, Sir Ed. Grey cite l'article 34 de l'Acte de Berlin, qu'interprètent différemment les deux gouvernements :

La puissance qui, dorénavant, prendra possession d'un territoire sur les côtes du continent africain situé en dehors de ses possessions actuelles, ou qui, n'en ayant pas eu jusque-là, viendrait à en acquérir, et de même la puissance qui y assumera un protectorat, accompagnera l'acte respectif d'une notification adressée aux puissances signataires du présent acte, afin de les mettre à même de faire valoir, s'il y a lieu, leurs déclarations.

Le ministre anglais attire tout spécialement l'attention de M. Davignon sur l'expression « la puissance qui *dorénavant* prendra possession d'un territoire... en dehors de ses possessions actuelles ». Il lui semble évident que le gouvernement belge, qui se trouve dans le cas prévu par l'article 34, doit notifier l'annexion aux puissances.

D'autre part, rappelle-t-il, la cause principale qui en 1884 amena l'Angleterre à reconnaître le drapeau de l'Association internationale du Congo comme celui d'un Etat ami fut « la sympathie du gouvernement britannique pour les buts humains et bienveillants » de ladite Association devenue peu après l'Etat du Congo. Il est par suite évident, conclut-il, que la raison qui décida l'Angleterre à reconnaître le drapeau étoilé fut la persuasion que le gouvernement du futur Etat serait une « bénédiction pour les indigènes et un encouragement au commerce général ». De ce chef encore découle pour l'Angleterre le droit de réclamer la garantie formelle du retour au système ancien avant de reconnaître l'annexion.

Ayant affirmé, contrairement à la thèse de M. Davignon, le droit de l'Angleterre de reconnaître la reprise sous conditions, Sir Ed. Grey réplique au mémorandum belge. Nous ne relèverons ici que les deux points concernant l'extension des terres des indigènes et le droit desdits indigènes de disposer des produits de leur sol. Sur ces deux points, le mémorandum belge du 13 juillet faisait miroiter de vagues promesses. Il donnait à entendre qu'une fois l'annexion accomplie, le gouvernement, après s'être livré à une enquête dans les villages, octroierait aux indigènes une étendue de terres suffisante pour leurs cultures et les exigences du commerce.

Sir Ed. Grey, dans sa réplique, déclare ne pouvoir se contenter de promesses portant sur un lointain avenir, et il exprime « le désappointement de S. M. de ce qu'aucune indication n'ait été donnée concernant l'introduction, dans un avenir rapproché, d'améliorations dans les conditions existantes ». Ce caractère vague du mémorandum belge oblige le gouvernement britannique à demander des garanties nettement définies. Il considère, par exemple, comme essentiel, qu'« une amélioration *immédiate* soit apportée au sort de la population indigène, qui a, durant une longue période, souffert du système d'administration si malheureusement pratiqué par les autorités de l'Etat Indépendant. »

Poursuivant sa critique, le ministre anglais fait un pas de plus, et il démontre que même l'octroi aux indigènes de terres d'une certaine étendue ne leur garantit point le droit de trafiquer des produits naturels du sol. Cette « certaine étendue » laissée dans le vague ne laisse pas de l'inquiéter, et il se hasarde à proposer quelque chose de positif et d'immédiat. Ne pourrait-on, dit-il, en revenir pratiquement au régime foncier des indigènes eux-mêmes, tel qu'il existait antérieurement aux décrets de 1891-92, alors que dans de vastes espaces délimités par les frontières des tribus, les indigènes négociaient librement des produits de leur sol ? Un tel « retour au régime foncier indigène » conduirait à un soulagement *immédiat* de la condition misérable dans laquelle se trouvent actuellement les habitants de ces contrées.

C'est avec une anxiété bien compréhensible que les amis des noirs attendaient la réplique de Sir Ed. Grey. L'Angleterre, on le sait, dans ses revendications pro-congolaises, n'est soutenue que par les Etats-Unis, et la tentation devait être grande pour un ministre des affaires étrangères, de se débarrasser d'une affaire désagréable, en laissant tout simplement la « solution belge » suivre son cours. D'autre part, les partisans du régime congolais, en soulignant le contraste entre le « ton amical » des propos diplomatiques de Sir Ed. Grey et la sévérité de son discours de février 1908 aux Communes, prophétisaient que ses réclamations iraient en diminuant de force pour — insensiblement — s'évanouir tout à fait[1].

La réplique est arrivée : sa teneur a rassuré les pes-

[1] L'Allemand Schreiber (voir page 203), n'a pas craint d'avancer que la concession du chemin de fer du Cap au Caire à travers le territoire belge du Katanga aurait été le motif de ce silence.

simistes. Aussi a-t-elle produit de l'autre côté de la Manche un effet surprenant. Un manifeste signé des plus grands noms de l'Angleterre a été adressé aux *Times* pour exprimer la profonde satisfaction des signataires de ce que la question du droit des indigènes au sol ait été désignée comme le « point essentiel » des représentations britanniques. Ce manifeste et les signatures qui l'appuient couvrent une colonne et demie du *Times* du 23 décembre. Ses auteurs estiment qu'en essayant de détourner le gouvernement belge d'une voie sans issue, « le gouvernement de S. M. a ajouté aux preuves d'amitié déjà montrées par l'Angleterre au peuple belge », et ils expriment l'espoir que la position prise par Sir Ed. Grey, en fondant sa réplique sur des principes d'équité, « aura d'incalculables effets pour le bien et sera appuyée par toutes les fractions de l'opinion publique en Grande-Bretagne. »

Citons, parmi les signataires, les comtes de Mayo, Lonsdale, Cromer, les lords Clifford, Kinnaird, Monkswell, les évêques de Londres, Durham, Norvich, Exeter, etc., les leaders non conformistes Rév. Brook, R. J. Campbell, John Clifford, Horton, Scott Lidgett, etc.; un grand nombre de membres du Parlement: sir John Kennaway, sir Ch. Dilke, sir G. White, MM. Percy Alden, Arthur Henderson, Leif Jones, etc.; les lords maires de Londres, Bradford, Bristol, Leeds, etc.; les présidents de nombreuses Chambres de commerce; les directeurs des principaux journaux (*Daily Chronicle*, *Manchester Guardian*, etc.); et un grand nombre d'autres notabilités appartenant à tous les milieux.

Si aucune question extérieure, ainsi que l'a dit

Sir Ed. Grey, n'a depuis trente ans ému aussi fortement et aussi vivement l'Angleterre que la question du Congo, on peut ajouter sans crainte d'errer que le manifeste du 23 décembre, destiné à appuyer la réplique du ministre des affaires étrangères, laisse bien loin derrière lui tous les mouvements de l'opinion publique provoqués jusqu'ici par cette question.

Le ministre anglais reculera-t-il ou soutiendra-t-il jusqu'au bout ces justes revendications ? D'autre part, le ministère belge persistera-t-il dans sa politique d'atermoiement ou se décidera-t-il à aborder les réformes fondamentales *immédiates ?* C'est le secret de l'avenir.

Un nouveau *Livre blanc* « concernant la taxation des indigènes et autres questions dans l'Etat du Congo » a été publié le 29 janvier 1909. Il contient divers documents émanant des consuls anglais Thesiger et Armstrong, du consul général américain J. A. Smith et la correspondance du missionnaire Rév. Morrison avec le directeur en Afrique de la compagnie du Kasai.

« Dans les conditions existant actuellement dans l'Etat libre du Congo, dit le consul Armstrong, l'indigène n'a rien d'autre à attendre qu'à rester pour toujours l'esclave des sociétés concessionnaires et de l'Etat... La seule mesure qui pût soulager les indigènes, les prestations réduites à 40 heures par mois, a été grandement violée. » Le système de taxation est déclaré oppressif, avec nombreuses preuves à l'appui.

ÉTATS-UNIS

Publication de rapports consulaires.
L'attitude de M. Elihu Root.

La *Congo Reform Association* américaine a publié le 12 décembre 1908, avec l'autorisation du département d'Etat, des extraits des rapports des consuls généraux Slocum et J. A. Smith et le rapport entier du vice-consul général Memminger.

Le rapport du consul général Slocum commence par ces mots : « J'ai l'honneur de vous faire savoir que je considère l'Etat Indépendant du Congo, sous le présent régime, comme n'étant autre chose qu'une vaste entreprise commerciale pour l'exploitation des produits du sol, notamment de l'ivoire et du caoutchouc. » Le même consul ajoute que le pays, en violation de l'article 5 de l'Acte de Berlin, n'est pas ouvert au libre commerce.

Les améliorations matérielles, telles que les chemins de fer du Bas et du Haut-Congo n'ont été faites qu'au bénéfice de l'Etat, en tant que moyens d'exploiter plus facilement les produits du pays, alors que les travaux d'utilité publique tels que des égouts, des réservoirs, etc., n'existent pour ainsi dire pas.

M. Smith met l'accent sur les abus résultant du recrutement des prétendues « taxes en travail », qui, loin d'occuper l'indigène 40 heures par mois, l'arrachent à son village 19 jours et 5 heures, là où il a mené son enquête.

Il est inutile de souligner l'importance de cette publication, rehaussée par son caractère semi-officiel, non plus que du câblogramme reçu le 3o janvier par

M. Morel et lui déclarant que « le gouvernement des Etats-Unis refuse de reconnaître l'annexion du Congo par la Belgique si elle n'est pas effectuée dans des conditions satisfaisantes. » Le télégramme ajoute que « l'attitude du secrétaire d'Etat américain est identique à celle adoptée par le ministre des affaires étrangères anglais. »

Quelques jours après, le 9 février, le *Times* donnait le texte même de la correspondance échangée entre le baron Moncheur, ministre de Belgique à Washington, et le secrétaire d'Etat américain.

Le ministre de Belgique, le 4 novembre 1908, annonce à M. Elihu Root que la loi approuvant le traité de reprise ayant été publiée dans le *Moniteur Belge* du 20 octobre, les pouvoirs souverains de l'Etat du Congo sont désormais transmis à la Belgique.

M. Elihu Root, à la date du 11 janvier 1909, en accusant réception de cette note, se plaint de ce qu'elle ne donne pas d'assurances formelles que le système inauguré par l'Etat Indépendant du Congo, contrairement aux conventions existantes, sera radicalement modifié.

Les Etats-Unis eussent désiré en particulier que le gouvernement belge reconnût les obligations qui lui sont imposées par l'Acte de Bruxelles du 2 juillet 1890 et notamment l'obligation (inscrite à l'article 2) :

« De diminuer les guerres intestines entre les tribus par la voie de l'arbitrage ; de les initier aux travaux agricoles et aux arts professionnels, de façon à accroître leur bien-être, à les élever à la civilisation et à amener l'extinction des coutumes barbares...

De prêter aide et protection aux entreprises de commerce, d'en surveiller la légalité en contrôlant notamment les contrats de service avec les indigènes et de préparer la fondation de centres de cultures permanents et d'établissements commerciaux. »

Il ne faut pas perdre de vue, ajoute M. Root, que les Etats-Unis ont un intérêt commercial direct dans le territoire de l'Etat Indépendant du Congo par suite du traité de commerce qu'ils ont conclu avec cet Etat le 21 janvier 1891, et qui s'exprime ainsi, à propos des citoyens des Etats-Unis séjournant au Congo :

Ils pourront librement exercer leur industrie ou leur commerce, tant en gros qu'en détail, dans toute l'étendue des territoires de l'Etat du Congo.

De même ils jouiront du traitement de la nation la plus favorisée.

M. Elihu Root cite aussi l'article 4 de ce même traité disant qu' « ils auront la faculté d'ériger des édifices religieux et d'organiser et de maintenir des missions. »

Les droits spéciaux des Etats-Unis ne sont donc pas restreints aux stipulations du traité conclu entre les Etats-Unis et l'*Association internationale du Congo* le 22 avril 1884. (Voir ci-dessus, p. 38.)

Comme l'Acte de Berlin de 1885 n'avait pas été ratifié par les Chambres aux Etats-Unis, on voit que M. Elihu Root insiste, avec une particulière énergie, sur l'Acte de Bruxelles de 1890 et le traité de commerce de 1891 pour réclamer des garanties de la part de la Belgique, héritière des obligations de l'Etat du Congo. En l'absence d'un accord complet sur tous ces points entre les deux gouvernements, conclut le secrétaire d'Etat américain, il doit se borner à accuser simplement réception de la note du 4 novembre.

Nous sommes loin, on le voit, d'une « reconnaissance » de l'annexion par les Etats-Unis.

FRANCE

Un arrangement franco-belge

Le ministre des affaires étrangères de la République et le ministre de Belgique à Paris ont signé, le 22 décembre 1908, à propos de l'annexion de l'Etat Indépendant par la Belgique, un arrangement portant règlement du droit de préférence de la France sur les territoires du Congo belge.

D'autre part, des déclarations relatives à diverses questions de délimitation entre les possessions françaises et belges du Congo ont été signées hier à Bruxelles par M. Davignon, ministre belge des affaires étrangères, et MM. Beau et Gentil, plénipotentiaires de la République.

C'est ainsi qu'il a été reconnu que la ligne de faîte entre le pic Kiama et le pic Bembo forme limite entre la source septentrionale du Chiloango et la crête de partage des eaux du Niadi-Kwilou et du Congo.

D'autre part, l'île de Bamou, les eaux et îlots compris entre cette île et la rive septentrionale du Stanley-Pool sont reconnus appartenir à la France, tandis que les îles situées au sud de l'île Bamou sont reconnues appartenir à la Belgique.

Le territoire de Bamou est placé sous le régime de la neutralité perpétuelle.

Ce traité avec l'Etat belge peut être considéré comme un acte implicite de reconnaissance de la part de la France.

ALLEMAGNE

Et l'Allemagne? Restera-t-elle inerte à tout jamais? Pour le moment, du moins, elle ne donne guère signe de vie. Le 22 janvier 1909, à la Commission du budget du Reichstag, le secrétaire d'Etat, M. de Schön, en réponse à une question, a déclaré que l'Allemagne considérait l'annexion comme fait accompli en tant que question intérieure de la Belgique dans laquelle l'Allemagne n'a pas voix au chapitre, bien que le gouvernement allemand soit loin d'approuver tout ce qui se passe au Congo.

Ces fins de non recevoir ont trouvé un adversaire très sérieux en la personne du consul Ernest Vohsen, un des Allemands les plus versés dans les questions africaines. A l'aide d'une carte géographique très instructive, il démontre, dans la brochure citée, p. 271, que le chemin de fer que l'Allemagne est en train de construire du littoral jusqu'au Tanganyka n'aura de débouché et un développement satisfaisant que si le commerce est libre dans le bassin du Congo, tandis que cette ligne ne sera qu'un cul-de-sac sans avenir aussi longtemps que le monopole de tous les produits sera maintenu dans le Congo belge.

Il nous paraît impossible que des intérêts aussi graves puissent être négligés longtemps encore par le gouvernement de l'Empire.

ANNEXE VI

Les Ligues Réformistes

> *Après tout, la grande arme qui nous a si bien servi, dans la controverse au sujet du Congo, a été la publicité.*
>
> Sir Ed. GREY.
>
> (*Discours à la Chambre des Communes,* 26 février 1908.)

I

La *Congo Reform Association* anglaise. Fondée en mars 1904.

> Président : Lord Monkswell.
>
> Secrétaire honoraire : E. D. Morel.
>
> Trésorier honoraire : G. Harold Brabner.
>
> Siège social : Londres, Granville House, Arundel Street, Strand.

Comités auxiliaires dans de nombreuses villes d'Angleterre et d'Ecosse.

> Président du Comité auxiliaire d'Edimbourg : Rev. John Baird.

Bulletin mensuel, trimestriel à partir de 1909.

II

La *Congo Reform Association* américaine. Fondée en novembre 1904.

> Président : Dr G. Stanley Hall, président de Clark University.
>
> Vice-Présidents : Samuel L. Clemens [1], John W. Forster, W. J. Northen, F. W. Tomkins, Booker

---

[1] On sait que M. Samuel Clemens n'est autre que Mark Twain, dont « l'humour, disait récemment le *Boston Transcript*, est une puissance pour la justice et une force internationale. »

Washington, W. H. P. Faunce, Samuel **Capen,**
H. van Dyke, Lyman Abbott, David S. Jordan, C.
Northrop, C. Guild, Edw. Cahill, H. W. Rogers,
O. Carter.

Secrétaires : Robert E. Park et John Daniels.

Trésorier : John Carr.

Le Siège de la Société est à Boston, 723, Tremont Temple.

Outre le Comité que nous venons de nommer, elle possède une Commission nationale de 150 membres, et une Commission administrative de 13 membres dont fait partie le Dr Thomas Barbour et M. Edwin D. Mead, le distingué publiciste. L'association vient de décider de se rattacher à la *Ligue internationale* comme section régulière, au même titre que les ligues française et suisse fondées en 1908.

Bulletin paraissant tous les deux mois.

III

La *Ligue internationale pour la défense des indigènes dans le bassin conventionnel du Congo*. Fondée en janvier 1908.

Président d'honneur : Björnstjerne Björnson.

Président effectif : Pierre Mille.

Secrétaire général et trésorier : Charles Paix-Séailles.

Siège social : Paris, 278, Boulevard Raspail.

La Ligue internationale reçoit des adhésions individuelles de tous les pays, mais favorise, là où le nombre des adhésions le rend possible, des ligues nationales.

Bulletin trimestriel.

IV

La *Ligue française pour la défense des indigènes dans le bassin conventionnel du Congo*. Fondée en février 1908.

Président d'honneur : Anatole France.

Président effectif : Félicien Challaye.

Secrétaire-trésorier : Mony Sabin.

Siège social : Paris, 278, boulevard Raspail.

Ses membres reçoivent le *Bulletin* de la Ligue internationale.

V

La *Ligue suisse pour la défense des indigènes dans le bassin conventionnel du Congo.* Fondée le 1er juillet 1908.

Président : René Claparède, Genève.

Vice-présidents : Dr H. Christ-Socin, Bâle ; Berthold van Muyden, Lausanne ; Otto de Dardel, Neuchâtel.

Secrétaire : Albert Wuarin, Genève.

Trésorier : Henri Fatio, Genève.

Le Comité est assisté d'une *Commission consultative* qu'il nomme lui-même et dont le nombre de membres n'est pas limité. Elle comprend actuellement 32 membres représentant les cantons de Genève, Vaud, Neuchâtel, Bâle et Berne.

Siège social : Genève, 53, rue du Stand (Etude de Me Albert Wuarin, Dr en droit, avocat).

Les membres de la Ligue suisse reçoivent le *Bulletin* de la Ligue internationale.

Table des Matières

DEUXIÈME PARTIE :

Les Débuts de l'Etat (1885—1891)

TROISIÈME ET QUATRIÈME PARTIES
Par le Dr CHRIST-SOCIN

Le sort du Congo dans le présent et dans l'avenir
Un cas de conscience pour l'humanité

TROISIÈME PARTIE :

Le Présent ou le système actuel

QUATRIÈME PARTIE :

L'Avenir

APPENDICE :

ERRATA

Page 46, ligne 8, supprimer : « y compris l'Etat en herbe du Congo léopoldien ».

Page 110, en bas, lire : « 20 sept. 1891 » (et non 1901).

Page 111, ligne 8, lire : « 18 fév. 1892 » (et non 1902).

Page 120, ligne 6, au lieu de « cinquante », lire : « vingt-cinq ».

Page 126, en bas, au lieu de : « on signale... remontant le cours du Nil », lire : « Le chef de poste de Buta signale l'arrivée du steamer... qui doit être lancé sur le Nil, etc. »

Page 271, ligne 10, au lieu de « 192 », lire : « 195 ».

(A coller au bas de la page 304.)

INDEX

des noms de personnes, de lieux et des principales matières
que renferme « L'évolution d'un Etat philanthropique »,

par R. Claparède et Dr H. Christ-Socin.

---

1. *Index des noms de personnes.*

Abbott, 298.
Aberdare, lord, 38.
Ackermann, 120.
Alden, 290.
Alvensleben, 143.
Anderson, 43.
Anet, 257.
Armstrong, 291.
Arnold, Lieutt., 283.
Baird, Rev., 297.
Banning, 275, 277.
Bara, 49, 80.
Barbour, Dr Th., 298.
Barot-Forlière, 263.
Barré, 263.
Beak, 194.
Beau, 295

Beaumont, Bouthillier de, 14, 15.
Beernaert, 48, 52, 80, 237, 278.
Bell, 257.
Benomar, Cte de, 89.
Bentley, Rev., 260, 266.
Bersot, 165, 267, 268.
Bildt, 69.
Bismarck, 35, 39, 42, 44, 47, 48, 69.
Björnson, 298.
Boillot-Robert, 267.
Bolton, 44.
Bonchamp, de, 83-86, 88, 89.
Bonnard, 267.
Bodson, 83, 85-88.
Boula-Matadi (ou Matari), 22, 81,
    142, 165, 187, 196, 265.
Brabner, 297.

2. *Index des noms géographiques.*

3. *Index des principales matières.*

Sociétés :

Traité anglo-portugais, 36-39.

CARTE FONCIÈRE DE L'ÉTAT INDÉPENDANT
montrant le Congo couvert de monopoles en violation de l'Acte de Berlin.

D'après la carte de l'OFFICIAL ORGAN de la *Congo Reform Association*, basée sur la carte de Wauters publiée dans le MOUVEMENT GÉOGRAPHIQUE du 25 Novembre 1906.
Complétée d'après la nouvelle carte de Wauters parue dans le même recueil le 2 Février 1908.

Echelle : 1 : 8.000.000ᵉ

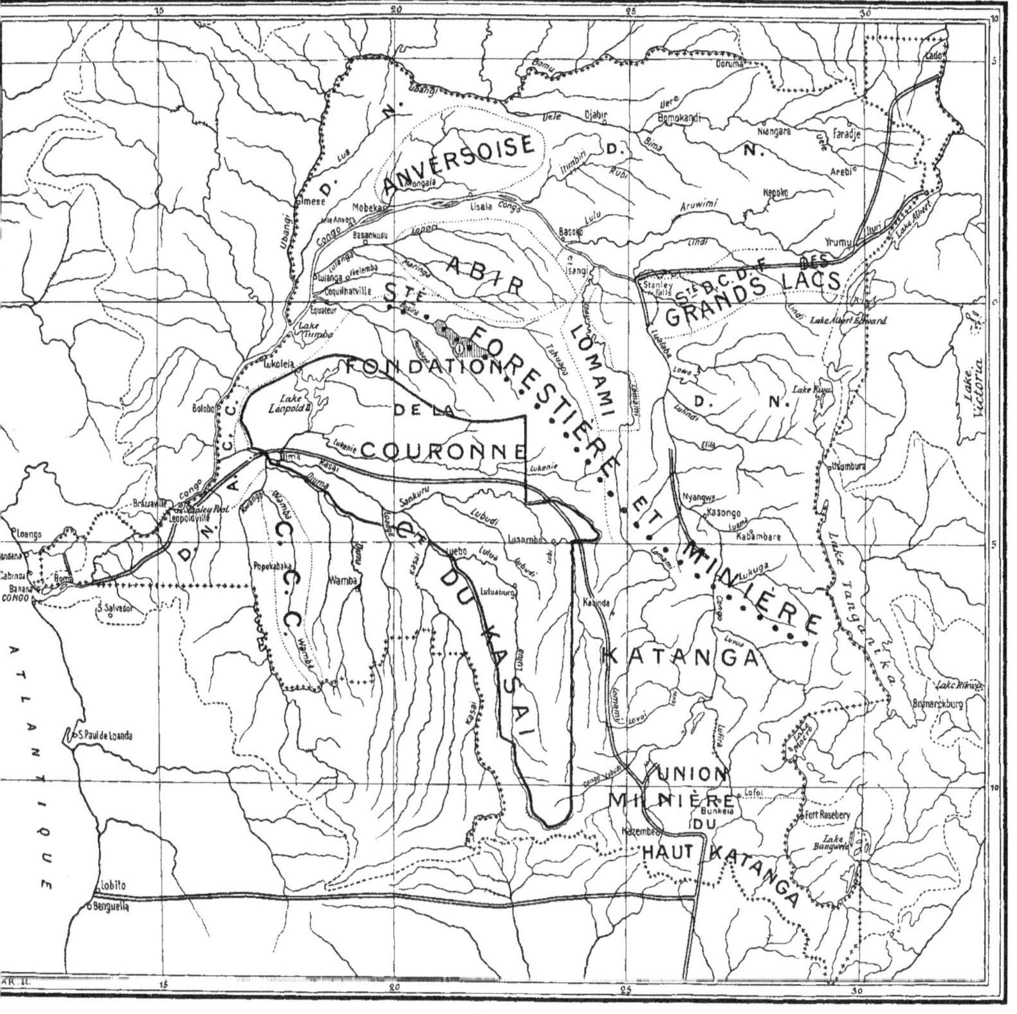

LÉGENDE

D. N. Domaine National (comprenant, depuis l'annexion, la Fondation de la Couronne).

SOCIÉTÉS CONCESSIONNAIRES :

...ir
...versoise
...mptoir Commercial Congolais (C.C.C.)
... des Chemins de fer des Grands Lacs

Cᶦᵉ du Kasai
Union Minière du Haut-Katanga
American Congo Company (A.C.C.)
Isangi (2)
•••••• Sᵗᵉ Intern. Forestière et Minière

——— Limites du territoire minier cédé à la Cᶦᵉ du Chemin de fer du Bas-Congo au Katanga.

═══ Chemins de fer construits, en construction ou projetés.

SOCIÉTÉS PROPRIÉTAIRES :

(1) Propriétés indivises de la Cᶦᵉ du Congo, de la Cᶦᵉ du Chemin de fer et de la Société du Haut-Congo.
Cᶦᵉ du Lomami.
Comité spécial du Katanga.

A la même Librairie

Imp. ATAR S. A., Corraterie, 12, Genève.